KB273523

오늘 밤,
세계에서
이 사랑이
사라진다 해도

각본집

오늘 밤,
세계에서
이 사랑이
사라진다 해도

각
본
집

STUDIO:ODR

차
례

김혜영 감독·추영우 배우·신시아 배우 인터뷰

〈오늘 밤, 세계에서 이 사랑이 사라진다 해도〉는 매일 자고 일어나면 기억이 사라지는 '선행성 기억상실증'을 가지고 살아가는 서윤이와 그런 서윤이의 매일을 행복한 추억으로 가득 채워주고 싶은 재원이의 풋풋하고도 애절한 사랑 이야기입니다.

예기치 못하게 시작된 연애부터 서로에게 이끌리던 수줍은 마음, 어려움이 있지만 희망을 잃지 않으려 애쓰던 맑은 미소 그리고 끝내 슬픈 이별을 하는 모든 과정 속에서 서로를 향한 사려 깊음과 다정함을 느낄 수 있었습니다.

'좋아한다는 감정은 감각에 기인한 것'이라는 문구가 참 좋았습니다. 기억이 사라져도, 사랑했던 마음과 함께 나눈 추억은 감각에 남아 있다는 말이 마음에 많이 와닿았습니다.

저는 이 작품이 슬픈 사랑 이야기지만 아름다운 이야기가 되기를 바랐습니다. 평범하지만 함께이기 때문에 어딜 가도, 무얼 해도 좋은 청춘의 모습이기를 바랐습니다. 즐겁고 행복했던 추억을 감각에 새겨 그때의 행복을 오래도록 간직하기를 바랐습니다.

평범한 하루를 보내던 도루와 매일을 새롭게 살아가던 마오리가, 다정한 재원이와 맑은 미소의 서윤이로 다시 태어났습니다. 도루가 그랬듯 재원이도 다정하길 바랐고, 마오리가 그랬듯 서윤이도 행복한 웃음을 간직하기를 바랐습니다. 이들의 풋풋하고도 애절한 사랑 이야기를 응원해 주시기 바랍니다.

그리고 지금 내 곁에서 평범하지만 특별한 사랑을 주는, 사랑하는 사람들과 소중한 이 이야기를 함께 나누고 싶습니다. 여러분과 함께 나눌 수 있어서 기쁩니다.

2025년 12월 24일, 사랑이 넘치시기를 바랍니다.

김혜영

매일 너의 기억을 채워주고 싶은 남자,

김재원(추영우)

학교에 가도 아무 의욕이 없던 나에게
어느 순간, 웃을 때마다 빛나는 긴 머리의 한 아이가
나의 심장 속에 들어오기 시작했다.

"시간이 지날수록 다른 건 다 모르겠고,
그냥 보고 싶기만 해."

매일 나의 기억을 잃어버리는 여자,

한서윤 (신시아)

매일 기억이 리셋되어 모든 것을 기록해야 하는 하루가 고단했던 나에게
키 크고 눈빛이 잊히지 않는 한 아이가
나의 기억 속에 들어오기 시작했다.

"안 하던 짓 좀 해보려고.
안 그럼 너무 지루하잖아."

＊

시
나
리
오

＊

시
나
리
오

  프롤로그. 서윤 집   / 버스정류장 | 밤-아침

서윤 방 | 밤

타닥타닥 키보드 소리 선행되고,

책상에 앉아 일기를 작성하고 있는 서윤.

모니터 화면 속 글자.

[6월 1일 일요일. 오늘은 … 했었다.]

등의 글자들이 크게 보인다.

서윤 방 | 아침

맑은 아침. 햇살이 내리쬐고 있는 방 내부. 이내 알람 소리 울린다.

침대에서 눈을 뜨는 서윤, 침대맡 어딘가를 쳐다본다.

일어나 책상 앞으로 가서 컴퓨터를 켜고 무언가 읽는다.

거울 앞을 지나가 걸어둔 교복을 집어 든다.

책상 위 수첩을 챙겨 가방에 넣고는 방을 나간다.

1층 주방-거실 | 아침

계단을 내려가는 서윤.

아침 식사 준비를 하고 있던 엄마와 아빠가 서윤을 본다.

서윤 엄마   잘 잤어? 아침 먹어야지.

서윤   응.

서윤을 조심스럽게 살피는 엄마와 아빠의 표정.

자리에 앉아 밥을 먹는 서윤.

버스정류장　　　| 아침

정류장으로 걸어와 버스를 기다리는 서윤.

주변에 교복을 입은 다른 학생들.

이내 버스가 도착하면 올라탄다.

사람들 사이를 비집고 안으로 들어가는 서윤.

버스 출발하고, 맑은 하늘 비추면 타이틀.

[오늘 밤, 세계에서 이 사랑이 사라진다 해도]

작고 한적한 시골 마을 풍경과 함께

저 멀리 푸른 바다가 일렁이고, 푸르른 초록의 나무들이 줄지어

늘어선 가로수 길을 달리는 시내버스 한 대.

S#2　　　**도로**　　/ 버스 안-앞 | 아침

교복을 입고 등교하는 학생들로 가득 찬 버스 안.

저마다 무리를 지어 쫑알대는 아이들 사이,

나 홀로 섬처럼 우뚝 솟아 있는 재원이 눈에 띈다.

창밖을 바라보며 서 있는 재원,

귀에 꽂힌 이어폰에서 희미한 노랫소리*가 흘러나온다.

안쪽으로 비집고 들어오는 서윤.

예쁘장한 얼굴로 모든 아이들의 시선을 잡아끈다.

하나로 단정하게 묶은 머리를 찰랑거리며 발걸음을 옮기는 서윤.

버스남　　(반갑게 손을 들며) 어?! 하이!

서윤　　…. (대꾸 없이 지나쳐 가는)

표정 변화조차 없는 서윤에게서 어쩐지 냉랭한 기운이 느껴지고,

버스 남학생을 둘러싼 친구들만이 시끌벅적 호들갑스럽다.

----

* 남자 주인공 재원이 가장 좋아하는 노래

"왜 나대 새끼야!" "(억울) 같은 반 친구끼리 인사도 못 해?"

"쟤가 너랑 친구 한대?"

대놓고 자기 이야기를 하는 남학생들을 뒤로하고

재원의 옆으로 와 서는 서윤.

흘끗 서윤을 쳐다보는 재원.

그저 창밖으로 시선을 고정한 서윤의 얼굴에

반짝이는 햇빛이 묻는다.

금세 시선을 거두는 재원.

그 순간, 끼익- 소리와 함께 갑자기 급정차하는 버스.

| 아이들 | (크레셴도) 어어어어! |

파도처럼 앞으로 쓸려나가는 아이들 사이,
가녀린 서윤의 몸이 속절없이 갸우뚱거린다.
그 사이, 남다른 키를 이용해 탁! 버티고 서는 재원.
잡고 있던 손잡이를 놓치는 서윤,
홀로 굳건하게 서 있는 재원에게 구원의(?) 눈빛을 발사하고….
서윤과 딱! 눈이 마주친 재원,
순간 당황한 채로 부랴부랴 손을 뻗는다.

재원의 손길에 겨우 제대로 발을 딛고 서는 서윤.
그런데…?! 정신 차리고 보니 재원이 서윤의 머리채를 잡고 있다.
재원의 손에 꽉 쥐어진 서윤의 풍성한 포니테일….
그대로 멈춰 있는 단 두 사람, 재원과 서윤.

| 서윤 | …. |
| 재원 | 아, 미안. |

황급히 잡은 머리채를 놓는 재원. 뒤돌아 머리를 정리하는 서윤.
학생들의 신음과 기사 아저씨의 고함이 뒤섞인 버스 안.

| 기사 아저씨 | (고래고래) 너 이 새끼들 죽고 싶어 환장했냐? |

CUT TO. 버스 앞 도로
태훈과 한 무리의 남자아이들이

전동 킥보드를 타고 도로를 가로지르고 있다.

기사 아저씨의 외침에도 아랑곳하지 않고

그저 낄낄거리며 장난치기 바쁜 아이들.

CUT TO. 다시 자리를 잡으며 정돈되는 버스 안

어쩔 줄 모르는 재원과 달리 태연하게

다시 창밖으로 시선을 돌리는 서윤.

재원, 더 이상 뭐라 말을 걸지도 못하고 괜히 쿨럭거리기 시작한다.

다시 길을 따라 출발하는 버스.

S#3   학교   / 교정 | 아침

시끌벅적한 학생들의 소리로 들뜬 작은 학교 전경.

등교하는 학생들 사이, 걸어오는 재원. 조금 뒤에 서윤.

다른 학생들은 등교 중 만난 친구끼리 아는 척도 하고,

장난도 치는 와중에 혼자 걸어오는 표정 없는 재원, 서윤.

S#4   학교   / 복도-2-2반 교실-복도-2-4반 교실 | 아침

복도

복도로 걸어와 2-2반 교실 앞문으로 들어가려는 재원.

이때, 뒷문으로 나오며 낄낄거리는 태훈과 무리.

2-2반 교실

교실로 들어서는 재원. 책상 앞, 자리에 앉아 있는 동식.

옷이며 머리가 헝클어져 매무새 만지고 있다.

아무도 동식에게 관심 없는 듯 모른 척.

동식의 옆자리로 와서 앉는 재원.

가방에서 물건들 꺼내다가 더러워진

자신의 책상을 보고 눈살 찌푸린다.

그런 재원을 보고 괜히 미안해서 눈치 보는 동식.

재원   왜 계속 참아?
동식   (극 I 느낌) 미안….

휴지 꺼내 재원의 책상을 닦는 동식. 그 모습을 보며 한숨 쉬는 재원.

안 되겠는지 벌떡 자리에서 일어난다.

복도

저벅저벅. 걸어가는 재원.

2-4반 교실 (태훈 반 교실)

앞문으로 들어오는 재원.

태훈과 무리가 장난치는 자리 앞으로 와서 멈춰 선다.

슥 별일 없이 쳐다보는 태훈.

태훈   뭐. 나?
재원   내 자리 더럽게 해놨더라.

태훈	내가? 그랬나? 아아…. 너 동식이 짝이지. 응…. 그럴 수 있겠다.
재원	그런 짓 하면 재밌냐?
태훈	응. 생기 돌아.
재원	그만해. 동식이 그만 괴롭히라고.
태훈	왜? 니네 사겨? 근데 어쩌지…. 나 누가 이래라저래라 하 는 거 싫은데.

주변을 의식하듯 슥- 둘러보는 태훈.

이때, 복도에서 남학생에게 고백받고 있는 서윤을 발견.

무리도 태훈의 시선을 따라 본다.

무리 1(V.O)	오. 한서윤 또 고백받는다.

무리 2(V.O)   바로 까이는데? 오…. 존나 도도.

무시하고 지나가는 서윤을 흥미롭게 보는 태훈.

태훈   너…, 5반 한서윤 알아?
재원   말 돌리지 말고.
태훈   한서윤한테 고백 한번 해라.
재원   고백? 내가 왜?
태훈   그냥.
재원   근데 왜 고백이야?
태훈   뭐…. 연애하기 좋을 때니까? 그만하라며. 그럼 내가 심
        심해지잖아. 그 정도 즐거움은 줘야 나도 마음이 움직일
        거 아니야. 고백 한번 해.
재원   뭐래!
불량남   오. 재밌겠다. 존나 천재네, 이 새끼.
태훈   걍 사탕 딱 주고 고백 띡 하고 오면 끝이라니까? 얼마나
        쉬워?
불량남   (킥킥대며) 존나 딸깍이지.
무리 1   고백했는데 차이면 어떡하냐? 아 씨 눈물 나는데.
불량남   씨바 울면 되지.
태훈   야. 봐라. 벌써 설레잖아. 나 지금 가슴이 띈다.
재원   햐…. 말을 말자. (가려는데)
태훈   어이! (앞문 쪽 보고) 동식아! 니가 해라. 고백!

재원이 돌아보면,

22

앞문에서 몰래 숨어 보고 있던 동식의 눈이 커진다.

이내 움츠러들다가 쏙- 사라진다. 벙찐 재원. 잘못 걸렸다. 한숨.

운동장

2-2반과 2-5반의 체육 시간.

괴성과 함께 땀을 뻘뻘 흘리며

우르르 축구공을 쫓아다니는 남학생들과

다른 한쪽에서 피구하는 여학생들.

몇몇은 그늘진 스탠드에 옹기종기 모여 앉아 수다를 떨고 있다.

그 사이, 운동하는 학생들을 보며

부러운 듯 가라앉는 표정의 재원.

이내 휴대폰으로 운동장의 학생들, 풍경을 사진으로 담아본다.

그러다 화면 돌리는데,

휴대폰 화면에 피구하는 서윤의 모습이 잡힌다.

확대해 보다가 이게 뭐 하는 건가 싶은, 다소 심란한 재원.

이때, 휴대폰 화면에 카톡 알림이 빠른 속도로 뜨기 시작한다.

태훈의 카톡. [야] [야] [ㅇ] [ㅇ] [뒤 봐] [뒤돌아보라고]

[뒤에 위] [교실 창문 봐보라고]

교실 창문 쪽으로 돌아보는 재원.

교실 (2-4반)

교실 창문으로 보이는 태훈.

고개를 내밀고 재원을 보며 낄낄 웃고 있다.

서윤 쪽을 가리키며 과장된 입 모양으로

"고백해" 하고 신난 듯 낄낄 웃는다.

운동장

한심한 듯 고개 돌리는 재원의 시선에 동식이 보인다.

눈이 마주치는 두 사람. 미안한지 바로 고개 돌리는 동식.

한숨 쉬는 재원. 다시 앞을 보는데 재원의 시야에 서윤이 보인다.

S#6   **학교**   */ 2-2반 교실 | 점심*

한창 수업 중.

선생님 목소리가 귀에 들어오지 않는 재원. 옆자리 동식은
그런 재원에게 괜히 미안해하는 눈치. 작은 쪽지 내미는데,
열어보면 "나 때문에 미안해". 휴- 한숨 내쉬는 재원.

CUT TO.

수업 종료를 알리는 종소리.

선생님　　　오늘은 여기까지. 점심 맛있게 먹어라~.

선생님이 나가고, 부리나케 들어와서
동식에게 어깨동무하는 태훈과 무리.
재원 보란 듯이.

태훈	마음의 결심은 좀 섰고?
불량남	(낄낄대며) 내일 동식이 또 옷 드러워지는 거지 뭐. (재원
	책상 보며) 여기도. 어쩔래? 고백 띡! 존나 딸깍?
재원	그거면 돼? 말만 하면 되는 거지?
태훈	오브 콜스~!
재원	약속 지켜!

"오예!"를 외치는 태훈과 낄낄거리는 무리.

자리를 박차고 일어나는 재원.

CUT TO. 복도

무작정 걷는 재원. 걷다가 멈칫, 제자리에 멈춘다.

S#7 **학교** / 운동장 스탠드 | 낮

점심시간이라 자유로운 분위기의 학생들 여럿.

재원이 누군가 앞에 서 있다. 보면 혼자 앉아 있는 서윤,

재원을 올려다본다.

재원	(다짜고짜) 너 나랑 사귈래?
서윤	…. (말없이 쳐다보는)

묘한 정적.

| 재원 | …. (이내 체념) 그래. (돌아서려는데) |
| 서윤 | 그래. |

서윤의 말에 뒤돌아보는 재원. 잠시…,

빤히 재원을 바라보던 서윤이 입을 연다.

| 서윤 | 좋아, 사귀자! |
| 재원 | …! |

적막이 흐르는 운동장.

저만치에서 구경하려고 온 태훈과 무리,

뒤따라온 동식을 비롯한 모두가 충격에 빠진다.

재원의 쪽팔린 순간을 담아낼 생각에

설레는 표정의 태훈이 휴대폰을 들어 찍다가 벙.

운동장, 계단에서 놀고 있던,

모든 아이들의 시선이 재원에게 집중되기 시작하고….

"오오오…." "뭐야, 뭐야." "실화냐?"

| 재원 | 뭐? (나지막이) 왜…, 왜…. |

재원 역시 당황한 기색이 역력하고….

| 서윤 | 학교 끝나고 보자. 먼저 갈게. |

자리를 떠나는 서윤. 어안이 벙벙한 재원.

뒤에서 동식과 학생들의 축하.

재원   …어? …왜?

S#8   **학교**   / 2-2반 교실 | 오후

나른한 오후 수업 시간,

수업에 집중하지 못하고 딴생각에 잠겨 있는 재원.

선생님 목소리를 자장가 삼아

속 편하게 침까지 흘리며 졸고 있는 학생들,

몇몇 학생들은 아까 고백의 순간을 찍은 동영상을 같이 보면서

소리 없이 낄낄대고 있다.

자신의 돌발 행동으로 삽시간에 벌어진 이 사태가

자신도 믿기지 않는 재원.

S#9   **학교**   / 계단-복도-현관 앞-2-2반 교실 | 오후

복도-계단

하교하는 학생들. 우르르 쏟아져 나와 복도 계단을 내려간다.

교실-복도

하교하는 학생들. 우르르 교실에서 나와 걸어간다.

현관 앞

하교하는 학생들. 우르르 건물 밖으로 나와 걸어간다.

2-2반 교실

가방은 다 쌌고.

여전히 기분이 이상한 상태로 혼자 앉아 있는 재원.

재원이 휴대폰으로 시간을 확인하려는 찰나 들리는 서윤의 목소리.

서윤(V.O)   안녕?

놀라 돌아보는 재원.

뒷문으로 들어오는 환한 얼굴의 서윤. 조금은 수줍은 듯.

서윤   (해맑게) 안녕?
재원   (놀라서 뚝딱대며) 어…, 안녕.

재원의 앞으로 와서 앉는 서윤.

서윤   김재원, 맞지?

서윤이 재원의 가슴팍을 뚫어져라 바라본다.

재원   (괜히 손으로 가슴팍을 문지르며) 어.
서윤   내 이름은,
재원   알아. 한서윤.

서윤　　폰 줘봐.

재원　　어? (느리게 건네면)

자신의 전화번호를 누르고, 통화버튼 누르는 서윤.

서로의 번호 저장하고.

서윤　　(소리 내어 메모하며) 2학년 2반 김재원.

내 남친은 무뚝뚝한 편….

재원　　남친?

남친이란 말에 화들짝 놀라는 재원.

그 모습이 웃기면서도 황당한 서윤.

서윤　　뭐야, 네가 고백했잖아. 안 그래, 남친아?

재원　　(뚝딱대며) 그러니까, 그 고백 말인데….

서윤　　?

재원　　사실 애들이 시켜서 한 거야. 내 짝을 자꾸 괴롭히는 애

들이 있는데….

고백하면 안 괴롭힌다고 하길래…. 그래도 그러지 말았

어야 했는데, 미안.

그런데 어쩐지 덤덤한 서윤의 반응.

서윤　　아…. 좋은 친구네.

재원　　친구라기보다는 그냥 짝.

서윤	이유가 뭐가 됐든 난 상관없는데…. 너는? 그래서 나랑 사귀는 거 싫어?
재원	(당황) 어? 아니 싫다기보단….
서윤	그럼 됐네!
재원	(심각) 너…, 나 좋아해?
서윤	아니!

태연한 서윤과 여전히 심각한 표정의 재원.

두 사람의 모습이 극명하게 대비된다.

재원	그럼 왜,
서윤	안 하던 짓 좀 해보려고. 안 그럼 너무 지루하잖아.
재원	?

방긋 웃는 서윤과 그런 서윤이 여전히 이해되지 않는 재원.

서윤	조건이 있어. 우리 연애의 조건.
재원	?
서윤	첫 번째, 연락은 짧게 할 것!
	두 번째, 학교 끝날 때까지 서로 말 걸지 말 것.
	세 번째, 정말로 좋아하지 말 것.
재원	뭐?
서윤	동의하는 거지?
재원	(우물쭈물) 어어어?
서윤	가자.

재원   어딜….

재원의 말이 끝나기도 전에 재원을 지나쳐

발걸음을 옮기는 서윤.

멍하니 그 뒷모습을 바라보던 재원, 이내 서윤을 쫓아간다.

S#10   학교   / 교문 앞 | 오후

교문을 빠져나오는 재원과 서윤.

서윤, 조용히 휴대폰을 꺼내 들더니 메모장에 메모를 하기 시작한다.

서윤   좋아하는 숫자는 뭐야?
재원   5….
서윤   좋아하는 색깔은?
재원   회색.
서윤   좋아하는 과목은?
재원   역사.
서윤   좋아하는 음식은?
재원   고기 종류. 근데 뭐 하는 거야?
서윤   오늘부터 1일이니까, 급하게 너를 좀 알아야 할 것 같아서.

휴대폰을 들어 셀카를 찍는 서윤.

얼떨결에 같이 사진 찍히는 재원.

S#11   **학교 앞**   / 버스정류장 | 오후

나란히 서서 버스를 기다리고 있는 재원과 서윤.

여전히 질문하는 서윤, 대답하는 재원.

서윤   (계속 휴대폰 메모장을 켠 채) MBTI는?

재원   MBTI? 안 해봤는데.

서윤   뭐? (휴대폰 키패드 타닥타닥) 좋아하는 게임은?

재원   게임은 딱히….

서윤   최애 아이돌은?

재원   없어.

서윤   MBTI…, 게임…, 덕질 미상.

진지하게 메모하는 서윤. 그런 서윤을 보는 재원.

S#12   **도로**   / 버스 안 | 오후

아침과는 달리 한산한 버스 안. 버스에 오르는 서윤, 뒤에 재원.

2인석에 먼저 앉는 서윤. 뒤에 재원은 어디에 앉을지 망설이는데,

웃으며 손짓하는 서윤.

어색하게 옆자리에 앉는 재원. 나란히 앉은 두 사람.

출발하는 버스.

재원   (잠시, 어색함을 깨고) 좋아하는 노래는 있어.

서윤	뭔데?

플레이리스트에 넣어놓은 노래* 화면을 서윤에게 보여주는 재원.

서윤	(모르는 듯) 음….
재원	그, 별로 유명한 노랜 아니야.
서윤	들어봐야겠다! (메모장에 받아 적는)
재원	굳이 안 그래도,
서윤	좋아하는 운동은?

---

* 남자 주인공 재원이 가장 좋아하는 노래

재원	운동, 싫어하는데.
서윤	진짜? 운동 잘할 것 같은데 왜?
재원	…땀 흘리는 거 싫어해.

빵 터지는 서윤, 재원은 그저 어리둥절하다.

서윤	(애써 웃음을 참으며) 아, 미안. 혹시 결벽증 같은 건가?
재원	뭐, 결벽증까진 아니지만…. 청결을 중요시하긴 해.
서윤	(메모하는) 청결을 중요시함.

그런 서윤을 바라보는 재원.

재원	근데 이걸 왜 적는 거야?
서윤	너…, 평범한 타입은 아닌 것 같아.
재원	그런가? 너도 그래.
서윤	나? 음…. 평범하진 않지.

드디어 서윤의 질문 세례가 뜸해지고….

창밖을 보는 서윤과 그런 서윤을 힐끗 쳐다보는 재원.

S#13   　**재원 집**　　/ 주방 | 저녁

상가 주택 2층의 재원 집 전경. 경쾌한 칼질 소리가 선행되고….

재원이 주방에 서서 저녁 식사 준비를 하고 있다.

예사롭지 않은 재원의 솜씨, 재료 손질부터 시작해

뚝딱뚝딱 능숙하게 음식을 완성해 나간다.

S#14 　재원 집　/ 거실 | 밤

밤 11시가 다 되어가는 늦은 시각.

소박하면서도 깔끔하게 정리된 거실 곳곳,

스테인드글라스로 만든 장식들이 눈에 띈다.

식탁 위에는 밥상보로 덮인 저녁 한 상이 그대로 놓여 있고….

거실에서 가지런히 옷을 개고 있는 재원.

그때, 인기척과 함께 집으로 들어오는 한 사람,

재원의 아빠 상현이다.

상현	(화들짝) 뭐야, 아직도 안 자고 있었어? 너 그러다 키 안 큰다?
재원	(덤덤하게) 내가 이제 아빠보다 커.
상현	(머쓱) 그랬냐….
재원	밥은?
상현	(입이 찢어져라 하품하며) 먹었어. 아으, 피곤하다.

곧장 방으로 향하는 상현, 그 모습을 별일 없이 보는 재원.

S#15 **재원 방** |밤

불 꺼진 재원의 방 안, 재원이 잠에 들지 못하고 뒤척인다.

결국 휴대폰을 집어 들고 서윤과의 카톡방을 확인해 보는데….

교문 앞에서 함께 찍은 셀카 사진 한 장(환한 미소를 짓고 있는

서윤과 어색하게 시선을 돌린 재원)과 **'잘 자'**라는

짧은 메시지 한 줄이 남겨져 있다.

서윤(V.O)   첫 번째, 연락은 짧게 할 것!

사진 속 서윤의 얼굴을 보며 중얼거리는 재원.

재원   진짜 이상한 애야….

S#16 **버스 안-버스정류장** |아침

오늘도 버스를 타고 등교 중인 재원.

어느덧 서윤이 모습을 드러냈던 정류장에 버스가 멈춰 서고,

은근슬쩍 버스 출입구에서 눈을 떼지 못하는 재원.

그러나 한 명, 두 명…. 끝까지 서윤의 모습은 보이지 않고….

이내 다시 출발하는 버스. 재원도 창밖으로 시선을 돌린다.

S#17   학교   / 교문 앞-복도-2-2반 교실 | 낮

교문 앞

교문 안으로 들어가는 재원.

복도

걸어오는 재원.

옆에서 "오오오오~" 하며 재원을 놀리듯 지나가는 아이들.

2-2반 교실

교실로 들어서는 재원.

동식이 자리에 앉아 있는데,

평소와 다르게 누군가 괴롭힌 흔적 없는 평온한 상태다.

동식   (재원 보고) 안녕…?

재원이 자리로 와서 보면 깨끗한 책상.

재원을 보며 배시시 웃어 보이는 동식.

S#18   **학교**   / 급식실 | 낮

점심시간, 배식을 받고 걸어가던 재원의 눈에

지민과 함께 있는 서윤의 모습이 눈에 띈다.

반가운 미소가 스치는 찰나, 순간 멈칫하는 재원.

서윤(V.O)   두 번째. 학교 끝날 때까지 서로 아는 체하지 말 것!

웃음기 사라지는 재원.

두 번째 연애 조건을 떠올리며 모른 척한다.

서로 모른 척하며 스쳐 지나가는 재원과 서윤.

지민과 즐겁게 대화를 나누며 지나가는 서윤과

약간 의식한 듯 뒤돌아 재원을 보는 지민.

   학교   / 복도(2-3반과 2-4반 사이) | 낮

복도에서 누군가를 기다리는 지민,

걸어오는 재원을 발견하고 다가간다.

재원의 앞을 가로막는 지민.

재원이 피해 가려 하지만 다시 앞을 막는 지민.

다시 반대 방향으로 피해 가려는 재원의 앞을 또다시 막는 지민.

재원이 멈춰 서서 지민을 보는데,

따가운 시선으로 재원을 응시하는 지민. 어딘가 섬뜩하다.

그러나 그 시선을 피하지 않고 함께 뚫어져라 쳐다보는 재원.

왜인지 알 수 없는 눈싸움을 벌이는 두 사람.

지민	그만둬.
재원	뭘?
지민	서윤이랑 사귀는 거.
재원	왜?
지민	진짜로 좋아하는 게 아니라,
	분위기에 휩쓸렸다든지, 장난이라든지,
	아무튼 그런 걸로 고백해서 사귀게 된 거라면
	그만둬 주면 안 될까?
	너 서윤이 좋아하지도 않잖아.
재원	그걸 알 수 있나?
지민	서윤이랑 인사 한번 나눠본 적 없잖아.
재원	좀 궁금해졌어. 어떤 앤지.

생각보다 덤덤한 재원의 태도에 여전히 의심스러운 눈빛의 지민.

지민   (할 말을 잃는) …폰 내놔봐.

군말 없이 지민에게 휴대폰을 건네주는 재원.
휴대폰을 건네받은 지민, 곧장 자신의 휴대폰으로 전화를 건다.

S#20   **학교**   **/ 복도-2-4반 교실 | 낮**

동 시간. 태훈이 속한 무리의 남자아이들이 복도 쪽을 흘끗거리며
세상 심각한 표정으로 대화를 나누고 있다.

무리 1   번호 따인 거임?
무리 2   (여전히 믿기 힘든) 그런가 본데….
무리 1   대박…. 삼각관계?! (입 틀어막는)

와중에 계속 한곳을 응시하는 태훈. 뚫어져라 지민을 보고 있다.

태훈   쟤 좀 멋있는데!
무리 1   누구? (재원 보며) 쟤?
태훈   (고개 절레)
무리 2   (지민 보며) 쟤? (하는데)

태훈을 갸우뚱 쳐다보는 무리.

S#21 **학교** / 복도(2-3반과 2-4반 사이) | 낮

다시 복도. 딱 제 할 일을 마친 뒤 빠르게 휴대폰을 돌려주는 지민.

지민 조심해, 앞으로 똑똑히 지켜볼 테니까.

휴대폰을 받는 재원.

지민 최지민. 내 번호야. 저장해.

섬뜩한 경고를 남긴 뒤 곧장 발걸음을 옮기는 지민.
옅은 한숨을 내쉬는 재원, 뒤돌아 멀어져 가는 지민을 본다.

재원 (중얼) 둘이 왜 친구인지 알겠다.

생각에 잠기는 재원. 이내 돌아 교실을 향한다.

S#22 **학교** / 복도-2-4반 교실 | 낮

복도를 지나쳐 가는 지민. 이 모습을 교실 안에서 보고 있는 태훈.
(지민을 휴대폰으로 찍어둔다.)

태훈 쟤 5반 최지민 맞지? 오늘 보니까 예쁘네.
(무리 2의 시선에 괜히 불쾌) 야! 쳐다보지 마!

지민의 뒷모습을 쫓아 보던 태훈.

그때, 누군가 태훈의 등을 툭 친다.

태훈이 돌아보면 동식의 만화책을 든 무리 3.

교실에선 불량남과 무리가 동식을 가운데 두고,

동식의 만화책을 뺏어 서로 던지며 놀리고 있던 상황.

무리 쪽으로 만화책을 던지는 무리 3, 다시 합류해서 같이 놀린다.

자신의 만화책을 잡으려 하지만 쉽지 않은 동식,

어쩔 줄 몰라 하는데….

동식   (쩔쩔매며) 주라고….

만화책을 계속 패스하며 키득거리는 무리.

만화책을 받은 불량남이 펼쳐 보며 배를 잡고 깔깔 웃는다.

불량남   (만화책 펼쳐 보여주며) 존나 오타쿠 새끼. 야 이것 봐.

개째끼 이쁘게도 그렸다.

불량남에게 다가오는 동식.

동식   (쩔쩔매며) 줘…. 내 책….

불량남   (웃으며) 왜~ 같이 좀 보자~ 보라고 그린 거 아니야?

만화책을 높이 치켜들어 동식의 손을 피하는 불량남.

그때, 불량남의 손에 있는 만화책을 낚아채는 태훈.

| 태훈 | (웃으면서) 에이, 그만해. 싫다잖아. |

동식에게 만화책을 돌려주는 태훈.
태훈의 말에 순간 정색하는 불량남. 다시 동식의 만화책을 뺏어 든다.

| 불량남 | (동식에게) 싫어? |
| 동식 | (눈치 살피는) …. |

그때, 동식의 앞을 막아서는 태훈.

| 태훈 | 약속했잖아. |

다시 불량남의 손에 있는 만화책을 뺏어 동식에게 주는 태훈.

| 태훈 | (동식에게) 야. 너 남의 반에서 뭐 하냐? 너 빨리 가. 가. |

동식을 돌려세워 가라며 등을 미는 태훈, 다시 불량남 쪽을 본다.

| 태훈 | (웃으며) 야~ 쟤는 왜 남의 반에 와서 저러냐? |

태훈을 노려보는 불량남, 이내 허~ 하고 실소가 터진다.

| 불량남 | (다른 무리에게) 재미없다. 매점이나 가자. |

태훈의 어깨를 강하게 치고 지나가는 불량남.

눈치 보며 따라가는 무리.

얼핏 당황한 듯하지만 이내 아무렇지 않게 혼자 서 있는 태훈.

S#23   학교   / 교문 앞 | 낮

방과 후, 아이들이 빠져나간 한적한 교문 앞에서

서윤을 기다리고 있는 재원.

서윤   (훅 나타나서는) 안녕, 김재원.

| 재원 | 어. 안녕. |
| 서윤 | (다가와 냄새 맡고) 너한테 되게 좋은 냄새 나. |

갑자기 들이대는 서윤 탓에 오늘도 당황하기 바쁜 재원.

| 재원 | 그냥…, 섬유 유연제 냄샌데. |

어쩐지 서윤 앞에만 서면

늘 여유 넘치던 재원이 자꾸만 뚝딱거린다.

| 서윤 | 시간 있지? |
| 재원 | 어? |

대답도 하기 전에 재원의 소맷자락을 잡아끄는 서윤.

S#24 재원과 서윤의 방과 후 데이트 몽타주

길거리　　　/ 인형뽑기 기계 앞 | 낮

인형뽑기에 집중하고 있는 재원과 서윤.

인형을 뽑고 기뻐하는 두 사람.

편의점 안　　　 | 낮

매대에서 물건 고르고 있는 재원.

뒤에서 서윤이 불닭볶음면을 들고 나타난다.

서윤	도전?
재원	난…, 아니.

편의점 안　　　/ 테이블 | 낮

테이블에 자리 잡은 서윤. 물 받은 라면을 들고 자리로 오는 재원.

'불닭볶음면' 컵라면을 먹는 두 사람.

매운맛에 몸부림치며 고통스러워하는 재원과 그 모습을 보며

즐거워하는 서윤.

아무렇지도 않게 라면을 흡입하는 서윤을 보며 재원은 신기해한다.

편의점 앞　　　| 낮

편의점 앞 테이블에 앉아 아이스크림 먹는 재원과 서윤.

재원은 매운맛을 식히고 있다.

학교   / 정문 앞 | 낮

휴대폰으로 사진 찍고 있는 재원.

재원의 휴대폰 속,

저 멀리서 재원을 향해 손을 흔들며 걸어오는 서윤이 보인다.

이때, 화면 앞을 가로막듯이 들어오는 지민. 놀라는 재원.

여전히 재원을 경계하는 듯한 눈빛의 지민.

서윤과 지민이 재원을 스쳐 지나가면 따라가는 재원.

스터디 카페 | 낮

공부 중인 서윤과 지민. 서윤 옆에 재원이 앉아 있다.

마주 보는 자리에서 재원과 서윤을 지켜보고 있는 지민.

공부에 열중인 재원을 흘끔흘끔 보는 서윤.

해변도로　　　｜ 해 질 녘

재원이 서윤을 데려다주는 중. 해변도로를 걷고 있는 재원과 서윤.

코인 노래방　　　｜ 낮

노래를 부르는 재원, 그런 재원을 휴대폰 동영상으로 찍고 있는 서윤.

생각지 못한 재원의 노래 실력에 서윤이 깜짝 놀란다.

재원의 모습을 동영상으로 촬영하기 바쁜 서윤.

이에 재원은 점점 노래에 집중하지 못하고

서윤의 휴대폰 카메라를 피하기 바쁘다.

어쩐지 알콩달콩해 보이는 두 사람.

인생네컷 매장 | 낮

귀여운 소품을 커플로 맞추고 사진을 찍는 재원과 서윤.

쑥스러워하는 재원과 그런 재원을 자연스럽게 리드하는 서윤.

어색하긴 하지만 재원도 서윤이 하자는 대로

군말 없이 포즈를 취해준다.

꽤 자연스럽게 나온 두 사람의 사진을 보며 즐거워하는 서윤과

그런 서윤을 바라보는 재원.

2-5반 앞 복도

2-5반 앞에서 안을 몰래 엿보듯 보고 있는 태훈.

교실 안에서는 서윤과 지민이 웃으며 대화하고 있다.

복도를 걸어가다가 그런 태훈을 발견한 재원, 옆으로 슥 다가온다.

태훈   (재원 보고, 괜히 찔려) 뭐!

재원   ?

후다닥 가버리는 태훈.

재원   왜 저래?

하고 가려다 고개를 돌려 슬쩍 안을 본다.

저 멀리 보이는 서윤, 휴대폰 화면에 코 박고 있다.

서윤을 발견한 재원의 얼굴에 반가움이 깃들지만

애써 고개를 돌린다.

어쩐지 전보다 조금 씁쓸해 보이는 재원의 표정.

이내 모른 척 지나간다.

2-5반 교실 안

그런 재원의 모습을 발견한 지민, 슬쩍 서윤을 바라보는데….

그저 휴대폰 화면에 코를 박고 있는 서윤.

서윤의 손에 들린 휴대폰 화면 속….

재원과 찍은 사진과 영상들이 갤러리에 가득하다.

즐거워 보이는 서윤의 얼굴.

지민   요즘 즐거워 보인다?

지민의 말에 괜히 흘겨보는 서윤.

서윤   그래? 전엔 엄청 다크했나 봐?

지민   비밀이야.

서윤   뭐?

지민   너도 나한테 뭔가 숨기는 게 있는 것 같단 말이지.

서윤, 지민의 말에 살짝 당황하는가 싶더니

이내 뾰로통한 표정을 지어 보인다.

S#26   **재원 집** | 밤

제사상을 차리느라 분주한 재원과 상현, 함께 상을 옮긴다.

거실에서 제기를 닦는 상현, 주방에서 음식을 준비하는 재원.

상현이 닦은 제기를 주방에 갖다주면, 재원이 제기에 음식을 담고,

상현이 음식 담긴 제기를 옮기고….

익숙한 듯 각자 할 일을 성실하게 수행하는 두 사람.

CUT TO.

간소한 듯하지만 정갈하고 정성스럽게 차려진 제사상.

상현이 제사상 위에 재원 엄마의 사진 액자를 올린다.

사진 속 재원 엄마의 웃는 얼굴 앞에서 한 명씩 절을 하는

재원과 상현.

S#27   **상현의 공방 앞-안** | 밤

재원의 집 상가 건물 1층 공방.

어스름 불빛이 켜진 공방 안에서

혼자 앉아 아내의 사진을 보고 있는 상현.

1층으로 내려온 재원이 들어가려다, 그 모습을 본다.

쓸쓸해 보이는 상현의 모습.

조용히 안으로 들어가는 재원.

재원이 들어오는 소리에 돌아보는 상현.

상현의 앞으로 와서 앉는 재원.

재원	생각 많이 나?
상현	(피식) 오늘은…, 좀 그렇지. 너도 엄마 생각 많이 나지?
재원	응. 나는 그때보다 지금…, 더 보고 싶어. 그땐 그냥 슬프고, 힘들고…, 어떻게 해야 할지…, 모르겠고 그랬는데…. 시간이 지날수록 다른 건 다 모르겠고, 그냥 보고 싶기만 해.
상현	(애틋하게 보는)
재원	나는 아빠가 너무 힘들지 않았으면 좋겠어. 사진 찍는 것도 계속했으면 좋겠고…. 친구도 좀 만나고…. 놀러도 다니고….
상현	엄마 생각하고 그리워하는 거 힘들지 않아. 오히려 이렇게 생각할 수 있어서 좋은데.
재원	엄마 생각하는 시간보다…, 아빠가 즐겁게 지내는 시간이 더 길었으면 좋겠어.
상현	알았어~. 잔소리는.

더 말하려다 마는 재원. 말 없는 두 사람.

재원이 하지 못한 말이 뭐였는지 다 알겠다는 듯

고개를 끄덕이는 상현.

방과 후 오후, 당번을 맡은 재원이 빨간색 고무장갑을 낀 채

분리수거하고 있다.

옆에는 초록색 플라스틱 우유 상자와

파란색 쓰레기통이 놓여 있다.

그때, 점점 가까워지는 싸움 소리 들린다.

소리가 나는 쪽으로 고개를 돌리는 재원.

이미 얻어맞은 듯 엉망이 된 상태의 태훈이 쫓기듯

분리수거장 쪽으로 뛰어온다.

뒤이어 불량 무리가 태훈을 쫓아 뛰어온다. 1 대 다인 상황.

대치 상황에서 태훈은 오히려 싸움을 피하려는 듯,

물건들을 던지며 요리조리 도망 다니고 있다.

물건에 맞으면서도 태훈을 향해 달려드는 무리.

그 뒤로 불량남의 모습 보인다.

불량남   (바짝 약이 오른) 악! 시발! 저 새끼 잡으라고!

불량남과 무리가 그저 막무가내로 태훈에게 달려드는데….

잡히고 마는 태훈.

불량남이 달려들어 태훈의 얼굴에 주먹을 꽂는다.

태훈, 굴하지 않고 달려들어 자신을 때린

불량남의 허리를 끌어안는다.

태훈과 불량남을 떼어내려는 무리가 서로 엉겨 붙어 있는데….

태훈은 맞고, 긁히고,

물리면서도 이를 악물고 불량남을 잡고 늘어진다.

불량남   (태훈에게 잡힌 채) 야! 이 새끼 떼어내라고!

무리가 태훈을 잡고 떼어내려 하지만 쉽지 않다.

그때, 땡그랑- 쨍그랑- 분리수거 소음이 들리고,

허리를 잡은 채 보는 태훈.

태훈과 잠시 눈이 마주치지만,

이내 다시 하던 분리수거를 마저 하는 재원.

분리수거하는 재원의 뒷모습을 보며 황당한 표정의 태훈.

태훈   (힘겹게) 저…, 저 싸이코 새끼….

결국 쪽수에 밀려 바닥으로 쓰러지듯 넘어지는 태훈.

쓰러진 태훈을 밟기 시작하는 무리.

구르며 발길질을 피하는 태훈.

뒤에서 보던 불량남이 씩씩대며 태훈을 밟으려 다가오는데….

그 순간, 퍽! 불량남의 뒤통수로 날아와 꽂히는 우유 팩 하나.

툭 바닥으로 떨어진 우유 팩과 함께 정적이 흐르고….

오래되어 상한 우유인 듯 악취가 무리의 코를 찌른다.

불량남   꺄악!!!!!! (발을 동동 구르며) 시발, 내 머리, 내 머리!!!

열받은 불량남이 뒤돌아보면, 우유 팩 던지는 재원.

불량남과 무리가 재원을 향해 달려들려는데….

미친 듯이 날아오기 시작하는 우유 팩들.

무표정한 재원이 신속 정확하게 우유 팩들을 발사하고 있다.

순식간에 아수라장이 된 상황.

같은 타격 지점 안에 들어와 있는

태훈 역시 함께 정신을 못 차리고 있다.

태훈   (두 팔로 머리를 막으며) 잠깐만! 나, 나는 왜….
불량남   저 새끼 잡아! 빨리!

우유 팩들을 뚫고 재원에게 달려드는 무리,

재원을 공격하려는데.

서윤(V.O)   사람 살려!!!!!! 선생님! 선생님, 살려주세요!!!

순간 깜짝 놀라 멈춰 서는 아이들.

소리의 출처를 찾아 두리번거리는 재원, 태훈, 불량남과 무리.

2층 창문으로 빼꼼 나와 있는 누군가의 손과 휴대폰.

찰칵찰칵 사진을 찍고 있는데.

불량남   (당황한 채) 야이 씨, 튀어!

불량남 주위를 돌아보면,

이미 저 멀리서 헐레벌떡 도망가고 있는 아이들.

불량남   에잇.

뒤늦게 그런 무리를 쫓아 달려가는 불량남.

불량남과 무리가 도망간 후, 위를 올려다보는 재원.

창문에서 모습을 드러내는 서윤이 브-이 하고

해맑게 웃으며 인사하고,

그 옆에 휴대폰 든 채 모습을 드러내는 지민. 얼떨떨한 재원과 태훈.

S#29   **학교**   / 보건실 | 오후

태훈의 상처를 치료해 주는 재원.

그 모습을 서윤과 지민이 바라보고 있다.

찰과상에 빨간약을 발라주는 재원.

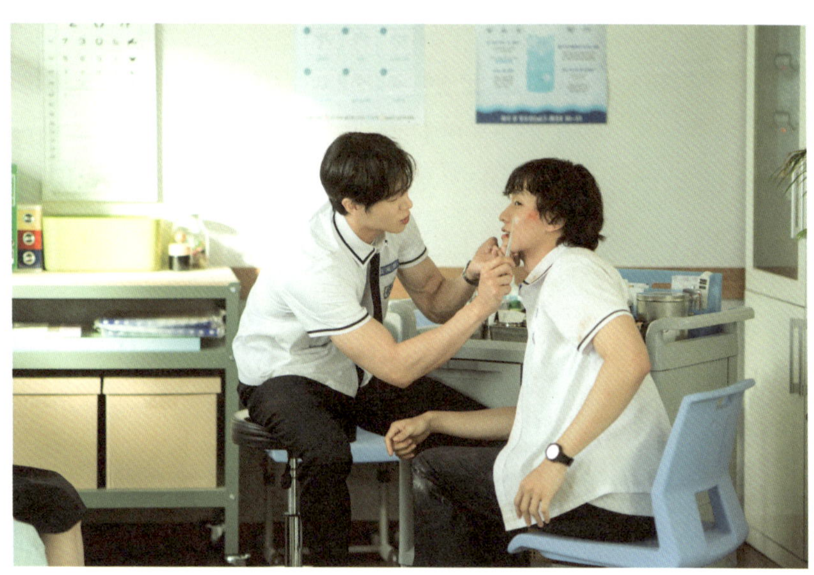

태훈	(고통스러워하며) 아아아아!
재원	(빨간약 내밀며) 혼자 할래?
태훈	아니.
재원	많이도 맞았다.
태훈	아니야!!! 내가 더 많이 때렸어!!
재원	(여기저기 소독약 발라주며) 아닌 것 같은데.

소독약 발라주며 재원이 태훈의 고개를 옆으로 돌린다.

와중에 힐끔힐끔 지민이를 보다가 지민과 눈이 마주치는 태훈.

괜히 혼자 쑥스러운 듯.

그 모습을 빤히 보는 재원. 재원과 눈이 마주치는 태훈,

혼자 들킨 듯 빙긋 미소를 지어 보인다.

그러자 재원이 더욱 손에 힘주어 빨간약을 상처에 문대기 시작한다.

아프지만 지민이를 의식해 참는 태훈.

치료를 마치고 일어서서 정리하는 재원.

서윤   (호기심 가득한 눈으로) 근데 왜 싸운 거야?

태훈   그냥, 뭐. 내 휴대폰을 뺏으려 하더라고.

재원   (한숨) 에휴.

태훈   … (갑자기 버럭) 아니! 근데 도와줄 거면 첨부터 좀 도와
       주지!

재원   (덤덤) 잘 싸우는 것 같길래. 난 싸움 못하거든.

서윤   그럼 도망갔어야지!

재원   도망가는 건 더 못해.

서윤   (손뼉 탁 치며) 아! 설마 땀 흘리는 거 싫어서?

재원   ….

지민   피 흘리는 것보단 땀 흘리는 게 낫지 않나.

태훈   맞아….

지민   암튼. 애들이 또 괴롭히면 얘기해. 찍어둔 거 있으니까.

서윤   맞아! 나도 봤다고 얘기할게!

지민과 서윤의 말에 감동받은 태훈.

지민, 서윤, 재원을 둘러보듯 보는 태훈.

  　스터디 카페　　│ 오후

수학 문제집을 풀고 있는 재원과

수학 교과서를 앞에 놓고 보는 둥 마는 둥

공부에 집중하지 못하고 딴짓 중인 서윤.

교과서 한 귀퉁이에 끄적끄적 낙서를 하고 있는데….

꽤 잘 그린 재원의 얼굴이다.

그런 서윤의 앞으로 쓱 밀려오는 노트 하나.

'기말고사 얼마 안 남았어' 노트에 쓰여 있는 재원의 글귀.

서윤, 고개를 들어 재원을 바라보면….

태연하게 문제집을 보고 있는 재원.

뾰로통한 표정으로 노트에 무어라 적기 시작하는 서윤,

노트를 다시 재원에게 내민다.

'잠깐 머리 식히는 거야' '우리 시작한 지 30분도 안 됐어'

'너 T지?' '이게 T랑 무슨 상ㄱ'

재원이 쓰고 있는 와중에 노트를 확 덮어버리는 서윤.

그러자 재원이 소곤소곤 말을 이어간다.

재원	(진지) 그래도 공부는 해야 하지 않을까?
서윤	이제 곧 할 예정이야.
재원	빨리 해.
서윤	한다니까.

재원이 입에 손가락을 가져다 대며 '쉿!' 하고,

다시 공부에 집중한다.

그런 재원의 모습에 좀 서운한 서윤.

그때, 재원이 서윤을 향해 노트를 스윽 내민다.

'주말에 나랑 데이트할래?'

재원의 글을 보고 미소를 짓는 서윤,

노트에 무언가 또 쓰고 건네는데. 'ㅇㅇ'

서윤 방 　│ 밤

2층으로 된 단독 주택의 2층.

잔뜩 널브러진 옷가지들로 뒤덮인 서윤의 방 안.

아이패드로 인스타그램을 보고 있는 지민.

(지민은 본인이 찍은 수준급 사진과 글을 인스타그램에 올리며

다수 팔로워를 보유하고 있음) 본인이 유일하게 팔로우한,

어느 사진작가의 인스타그램을 보면서 눈이 반짝, 몰두하고 있다.

앞에서 서윤, 이 옷 저 옷을 몸에 대보며 말한다.

서윤	이건? 너무 꾸민 느낌인가?
지민	….
서윤	그럼 이건? 너무 평범해?

들뜬 서윤과 달리 아이패드에서 시선을 뗀 지민은

어쩐지 근심 있는 얼굴.

<table>
<tr><td>지민</td><td>정말 괜찮겠어?</td></tr>
</table>

지민의 말에 서윤의 표정이 살짝 흐려진다.

이내 다시 환하게 웃어 보이는 서윤.

<table>
<tr><td>서윤</td><td>괜찮지, 그럼! 뭐가 제일 나아?</td></tr>
<tr><td>지민</td><td>흠…. 이 치마랑 어! 거기, 그 블라우스.</td></tr>
</table>

서윤, 지민의 말대로 허겁지겁 옷을 집어 들고 몸에 대보는데….

최악이다.

서윤   이씨! 나 지금 진지하다고!

서윤의 반응이 재밌다는 듯 웃는 지민과

이내 지민을 따라 웃는 서윤.

지민, 일어나서 다시 제대로 옷을 골라준다.

지민   그거 말고, 이거랑 이거. 봐봐.

S#32   학교   / 급식실 | 낮

다음 날, 학교 점심시간.

퇴식구에 다 먹은 식판 반납 중인 재원.

뒤로 다가온 태훈, 재원이 남긴 우유를 챙긴다.

태훈   너 이거 안 먹어? 그럼 내가 먹는다?

별다른 대꾸 없이 성큼성큼 걸어 나가는

재원의 뒤를 졸졸 쫓아가는 태훈.

재원   (휙 돌아보며) 왜 자꾸 따라다녀?
태훈   따라다니다니? 내가 같이 있어 주는 거지, 너 친구 없잖아.

대답할 가치도 없다는 듯

태훈의 말을 무시하고 발걸음을 옮기는 재원.

그때, 먼발치에 있는 지민을 보고, 그 옆에 서윤을 보는 태훈.

모른 척하는 재원을 이상하게 보는데.

| 태훈 | (호기심 가득) 근데 너 한서윤이랑 진짜 사귀는 거 맞아? |
| 재원 | (대꾸 없는) |

밥 먹고 있는 서윤과 지민을 지나쳐

급식실 밖을 향해 걸어가는 재원과 태훈.

태훈	근데 왜 서로 아는 척도 안 해?
재원	….
태훈	어?
재원	(귀찮) 그냥, 학교에선 그러기로 했어.
태훈	야, 너 설마…. (입틀막)

그대로 급식실을 나가는 재원. 멈칫하지만 곧장 쫓아가는 태훈.

S#33   **학교**   **/ 자판기 앞 | 낮**

자판기 앞에서 음료수 마시고 있는 재원.

맞은편에는 괜히 심각해 보이는 태훈이 있다.

| 태훈 | 혹시…, 처음…? |
| 재원 | (당황) …뭐? |

| 태훈 | (어쩐지 신나 보이는) 너 이 짜식, 연애 처음이구나! |
| 재원 | (괜히) 시끄러워. |

그러나 신이 나는 만큼 점점 더 목소리가 커지는 태훈.
재원에게 다가와 주위를 빙빙 돈다.

태훈	아가야, 연애란 말이다.
	여자가 하라는 대로 안 하면 큰일 나지만
	또 하라는 대로 하면 더 크으으은 일이 나는 것이다.
재원	뭐라는 거야⋯.
태훈	(심각) 설마⋯, 손은 잡았지?
재원	⋯.
태훈	(답답) 하⋯. 이 아가 진짜 안 되겠네.

그러더니 갑자기 재원의 무릎 뒤를 자신의 무릎으로 쳐서
중심을 잃게 만드는 태훈.
재원이 휘청하며 넘어지려 하자,
빠르게 허리를 감아 중심을 잡아주고는,
그대로 자판기 쪽으로 박력 있게 밀어붙이는데⋯.
탁! 한 손으로 자판기를 짚고는 그윽하게 재원을 바라보는 태훈.

태훈	봤지? 모든 건 타이밍이야.
재원	(애써 외면)
태훈	(코앞에서 얼굴을 요리조리 들이밀며) 그래가지고 뽀뽀는
	언제 하고 키스는 언제 할ㄹ?!

황급히 태훈의 뒤통수를 잡고 입을 틀어막는 재원.

이에 거세게 반항하며 몸부림치는 태훈.

뒤에서 바라보는 두 사람의 모습이 심히…, 격렬하다.

그 모습에 지나가던 여학생들이 화들짝 놀라며

황급히 시선을 피한다.

S#34 바닷가 인근 길 | 낮

드디어 재원과 서윤의 첫 주말 데이트 날.

바닷가 옆 아름다운 풍경이 펼쳐지고,

그 사이 따스한 햇살을 받으며 나무 벤치에 앉아 있는 재원.

그런 재원의 옆에 놓여 있는 도시락통이 눈에 띈다.

서윤(V.O) 김재원…?

재원 고개 들어보면,

평소와 다르게 긴장한 기색이 역력한 서윤이 다가온다.

재원과 눈이 마주치고 쑥스럽게 웃어 보이는 서윤.

자리에서 일어나 서윤 쪽으로 걸어가는 재원. 마주 선 두 사람.

서윤 교복 입은 것만 보다가…, 괜히 어색하네?

머쓱하게 웃어 보이는 서윤.

재원 역시 청순한 서윤의 미모에 잠시 벙찌고 만다.

서윤	(대답 없는 재원의 눈치를 살피며) 오래 기다렸어?
재원	어? 아, 아니. 나도 금방 왔어.
서윤	(고개 끄덕) 응….
재원	갈까? 봐놓은 자리가 있는데.

S#35   **바닷가 언덕** | 낮

바닷가 옆 작은 능선을 함께 오르는 두 사람.

두 사람의 옆에 펼쳐진 푸른 바다가 봄볕에 아름답게 반짝인다.

언덕 위에 다 오르면, 바다가 한눈에 담기는 풍경.

약간 들뜬 듯, 감탄하는 서윤.

서윤   와. 너무 이쁘다.

시원한 바닷바람이 불고,

슬며시 눈을 감고 바닷바람을 온몸으로 느끼는 서윤.

그런 서윤을 흘끗 훔쳐보던 재원,

서윤이 눈을 뜨자 황급히 고개를 돌린다.

재원을 보며 씨익 웃는 서윤. 재원도 미소 짓는다.

CUT TO.

재원이 준비한 돗자리를 펴고 앉아 있는 두 사람.

푸른 바다가 두 사람의 발아래에서 일렁거린다.

재원이 싸 온 도시락을 함께 열어보는 서윤.

샌드위치, 과일 등이 먹기 좋게, 또 보기 좋게 정갈히 담겨 있다.

진심으로 감탄하는 서윤.

서윤   (믿기지 않는) 이걸 다…, 네가 직접 만들었다고?
          (감탄) 진짜 대단하다! (머쓱)
          난 아직 밥도 할 줄 모르는데….

재원   대단하긴. 집안일을 맡아서 하다 보니까 그냥,
        자연스럽게 늘더라.
서윤   엄마한테 배웠어?
재원   아, 난 아빠랑 둘이 살아. 엄마는 5년 전에 돌아가셨거든.

        무어라 할 말을 고르느라 고심하는 서윤.
        그런 서윤의 마음을 눈치채는 재원.

재원   이상하게 너한텐 그냥 얘기하게 되네?

        괜히 서윤이 불편해할까 먼저 편하게 말하는 재원.
        그런 재원을 보며 서윤은 고마움과 더불어 알 수 없는
        깊은 감정을 느낀다.
        재원의 진심에 화답하듯 더욱 밝은 얼굴로 재원을 대하는 서윤.

서윤   나 이거 먹어봐도 돼?
재원   당연하지, 너 먹으라고 싸 온 건데.

        샌드위치 하나를 들어 크게 한 입 베어 먹는 서윤.
        입안 가득 넣고는 동그래진 눈으로 곧장 엄지손가락을 들어 보인다.

재원   (웃으며) 천천히 먹어.

        금방이라도 볼이 터져 나갈 것 같은 서윤을 귀엽다는 듯
        바라보는 재원,

샌드위치 하나를 들어 한 입 베어 문다.

재원을 보며 수줍게 웃는 서윤.

CUT TO.

텅 빈 도시락통을 사이에 두고 발밑으로 내려다보이는

풍경을 멍하니 바라보고 있는 두 사람.

두 사람 사이에 드리운 침묵이 전혀 어색하지 않다.

서윤   신기해.

여전히 아름다운 풍경에 시선을 고정한 채

먼저 적막을 깨뜨리는 서윤.

재원   뭐가?

서윤   우리가 안 지 얼마 되지 않았는데도

이렇게 둘이서 오랜 시간, 조용히 시간을 쌓아온 것 같은

느낌이 들어.

긴장한 기색이 역력했던 처음과 달리

이제는 편안해 보이는 서윤의 얼굴.

오후 햇살에 반들반들 빛나는 서윤의 머리칼이 바람에 흩날린다.

그런 서윤을 슬며시 바라보는 재원,

재원의 마음이 간질간질하기 시작한다.

집으로 돌아가는 버스 안, 어느새 창밖에선 비가 내리고 있다.

졸음을 이기지 못하고 꾸벅꾸벅 졸고 있는 서윤.

그 옆에서 어쩔 줄 모르고 허둥대는 재원.

이내, 재원의 어깨에 고개를 푹 기대는 서윤.

마른침을 꼴깍 삼키는 재원, 심장이 두근거리기 시작한다.

자신에게 기대어 잠든 서윤을 보며

이 연애의 마지막 전제 조건을 떠올리는 재원.

서윤(V.O)　　　세 번째, 정말로 좋아하지 말 것.

얼마가 지났을까⋯. 한 정류장에 멈춘 버스.

한 사람이 버스에 올라타고, 버스는 다시 출발한다.

그 소리에 슬며시 잠에서 깬 재원의 어깨에 기댄 채 눈을 뜨는 서윤.

그 순간, 서윤을 보고 있던 재원과 눈이 마주치는데….

진지한 얼굴로 조심스럽게 입을 떼는 재원.

재원   있잖아, 나….

서윤   ?

기댔던 몸을 세워 재원을 바라보는 서윤,

그런데 서윤의 표정이 어딘가 불안하다.

흔들리는 서윤의 눈빛.

재원   너….

서윤   …누구세요?

서윤의 말에 당황하는 재원.

재원   어?

서윤 역시 더욱 급격하게 불안해하기 시작한다.

서윤   (허둥대며) 그러니까…. 저, 그게….

자리에서 벌떡 일어나는 서윤.

혼란스러운 표정으로 주위를 둘러본다.

서윤의 불안한 시선으로 보이는 버스 안.

서윤을 이상하게 쳐다보는 사람들.

그 순간, 버스가 한 정류장에 멈춰 서고 뒷문이 열린다.

어쩔 줄 몰라 하는 서윤과 당황한 재원의 모습.

그때, 다급하게 내리는 서윤.

재원   야! 왜 그래?

갑작스러운 상황에 재원도 놀라 따라 내린다.

우산 없이 그대로 비를 맞으며 빠른 걸음을 옮기는

서윤과 뒤에서 쫓아오는 재원.

서윤은 머릿속이 혼란스럽기만 하다.

버스는 그대로, 재원과 서윤 옆을 지나간다.

재원   (뛰어와 서윤을 잡아 몸을 돌리며) 왜 그래?
서윤   (뿌리치며) 왜 이러세요?
재원   그게 무슨 말이야? 너 왜 이러는 거야!!

아득한 공포와 불안감에 그 자리에서 무너져 내리는 서윤.

S#37   주말 데이트 날 서윤의 아침 몽타주

FB. 서윤 방 | 아침

이른 아침, 알람 소리와 함께 침대 위에서 눈을 뜨는 서윤.

뭔가 묘한 이질감을 느끼며 자리에서 일어선다.

익숙하면서도 어딘가 낯설기만 한 자신의 방 안을 둘러보는 서윤.

한쪽 벽면에 붙어 있는 보드엔 짧은 메모들이 쓰인

포스트잇이 가득하고….

그 순간, 어딘가에 고정되는 서윤의 시선.

그대로 굳어버린 듯 멈춘다.

'저는 사고로 기억장애를 갖고 있어요.

책상 위에 있는 컴퓨터를 확인하세요.'

침대 머리맡에 크게 적어놓은 메모.

서윤의 얼굴에 혼란스러움이 깃든다.

황급히 휴대폰으로 날짜를 확인해 보는 서윤.

서윤   6월 14일…?

책상에 앉은 서윤이 떨리는 손으로 컴퓨터를 켜 확인해 보는데….

그간 서윤이 기록한 메모와 일기들이

휴대폰과 연동된 클라우드 안에 차례대로 정리되어 있다.

맨 처음 '중요'라는 제목으로 고정되어 있는 파일을 클릭하고

일기를 읽어 내려가는 서윤.

고등학교 1학년 겨울방학 때

교통사고를 당해 기억장애를 얻게 됐다는 것.

잠에 들면 교통사고가 일어났던 시점으로 기억이 리셋된다는 것.

장애에 관한 사실은 부모님과 지민이,

그리고 학교 선생님들만 알고 있다는 것.

마지막으로 재원과 조건부 연애를 하고 있다는 것

(조건부 연애는 지민도 모름) 등이

중요 정보로 정리되어 있다.

갑작스러운 정보에 멍한 서윤,

그 상태로 이어서 요약된 일기들을 읽어 내려가기 시작한다.

화면에 일기의 내용이 보인다.

2025년 3월 5일 수요일.

2교시 쉬는 시간, 하나가 오늘 학교 끝나고 뭐 하냐고 물었다.

순간 당황해서 아무런 대답도 하지 않고 자리를 피하고 말았다.

내 진심은 그게 아닌데….

나도 다시 친구들과 편하게 어울리고 싶다.

2025년 3월 10일 월요일.

여전히 장애가 나아질 기미가 보이지 않는다.

지민이는 시간이 필요하다며 나를 위로했지만….

정말 언젠가 낫긴 하는 걸까?

2025년 3월 18일 화요일.

등교 X. 지민이와 짧은 안부 전화. 특이 사항 없음.

2025년 3월 21일 금요일.

등교 X.

점점 짧아지는 일기 내용과 함께 어두워지는 서윤의 표정.

S#38   서윤의 일기 몽타주

서윤 방 | 아침

어느덧 일기 속에 재원이 등장한 시점에 다다르고….

그 전과 달리 확연히 길어진 일기장 내용.

일기 속 장면들이 일기를 읽는 서윤의 음성과 함께 이어진다.

학교   / 운동장 스탠드 | 낮

S#7. 재원이가 고백하던 날. 멀리서 다가오는 재원의 모습.

서윤(Na)   2025년 6월 2일 수요일. 점심시간.

어딘가 예민해 보이는 키 큰 남자애가 대뜸 나에게 다가
왔다.

"너 나랑 사귈래?"

학교   / 2-2반 교실 | 오후

S#9. 교실에 앉아 있는 재원의 모습.

서윤(Na)   2학년 2반 김재원.

학교   / 교문 앞 | 오후

S#10. 교문 앞에서 셀카 찍는 서윤과 재원의 모습.

서윤(Na)   그 애와 사귀기로 했다. 뭔가 새로운 일을 할 수 있지 않
          을까?

서윤 방 | 아침
모니터를 읽어 내려가는 서윤.

서윤(Na)   재원이에게 세 가지 조건을 제시했다.

학교   / 2-2반 교실 | 오후
S#9. 교실에 앉아 있는 재원과 서윤의 모습.
재원에게 세 가지 조건을 말하는 서윤.

서윤(Na)   연애 조건, 첫 번째. 연락은 짧게 할 것!

서윤 방 | 밤
재원에게 **'잘 자'** 하고 카톡 보내는 서윤의 손.

서윤(Na)   어제의 나와 관련된 화제를 꺼내면 곤란하니까.

급식실 | 낮
S#18. 모른 척, 서로를 스쳐 지나가는 재원과 서윤.

서윤(Na)   두 번째, 학교 끝날 때까지 서로 말 걸지 말 것!

쓸쓸한 표정의 재원과 의식하지 못한 채 지민과 대화하는 서윤,

이를 보는 지민.

서윤(Na)   나와 그 아이에 관한 정보를 정리할 시간이 필요하니까.

2-5반 교실　　　│ 낮

S#25. 재원 폴더를 열어,

재원의 사진과 동영상을 보고 있는 서윤의 손.

서윤(Na)   마지막으로 세 번째, 정말로 좋아하지 말 것!

교문 앞　　　│ 낮

서윤의 휴대폰 동영상 속, 서윤을 기다리던 재원의 모습.

서윤을 향해 돌아보고 미소.

서윤(Na)   어차피 금방 헤어져야 할 테니까. 쓸데없이 깊은 감정은
　　　　　　갖지 말자.

서윤 방　　　│ 아침

다시 일기를 읽고 있는 서윤.

코인 노래방　　　│ 낮

S#24. 노래 부르는 재원.

서윤(Na)   2025년 6월 5일 금요일. 재원이와 코인 노래방에 갔다.
　　　　　　재원이가 노래를 잘 불러서 깜짝 놀랐다.

내가 이 노래를 기억할 수 있다면 좋을 텐데….

스터디 카페　　　| 낮

S#30. 노트 쪽지로 데이트 신청하는 재원의 모습.

'주말에 나랑 데이트할래?'

서윤(Na)　　2025년 6월 12일 목요일. 재원이가 처음으로 주말 데이트를 신청했다.

재원의 쪽지에 'ㅇㅇ' 하고 답장을 쓰는 서윤.

서윤(Na)　　벌써부터 이런저런 생각에 잠이 오지 않을 것만 같다.

S#39　　서윤 방　　| 아침

어느새 날이 환해진 아침.
이어서 일기를 읽어 내려가며 스크롤 내리던
서윤의 손가락이 점점 멈춘다.
혼란스럽던 마음을 조금씩 가라앉히는 서윤,
표정이 전보다 한결 편안해 보인다.

다시 현재 시점. 서윤에게 살짝 다가가는 재원.

재원　　왜 그러는 건데?

뒷걸음질 치는 서윤에 멈칫하는 재원.

서윤　　저…, 저는…. (주변을 두리번거리며) 여기가 어디예요?
　　　　왜…, 왜 제가 여기 있는 거예요?
재원　　우리 오늘 데이트…. 나 재원이잖아. 김재원.
서윤　　(고개를 흔들며) 모르겠어…. 아무것도 기억이 안 나….

횡설수설 혼란스러운 서윤의 눈에서 눈물이 흐른다.
연신 주변을 두리번거리며, 재원을 경계한다.
그런 서윤을 이해할 수 없는 재원은 당혹스럽기만 하고.

재원　　기억이 안 난다고? 왜? 아까까지….
서윤　　모르겠어. 모르겠다구요!
재원　　서윤아…. 한서윤!!

한서윤이란 이름을 들은 서윤이 재원을 본다.
하지만 기억이 나지 않아 여전히 혼란스러운데.
당혹감에 눈물이 맺히는 재원.

그때, 버스가 오고…. 다급히 올라타는 서윤.

혼란스러운 상황에서 어쩌지 못하고 멍하니 서 있는 재원.

뒤늦게 버스를 쫓아, 온 힘을 다해 달리기 시작한다.

하지만 죄어오는 심장에 가슴을 부여잡고 멈춰 서는 재원.

버스는 그대로 가버린다.

잠시 거친 숨을 고르는데….

비와 땀으로 범벅된 재원의 얼굴이 이내 일그러진다.

멀어지는 버스.

S#41   버스 안-길가 교차 | 밤

버스 안

다급하게 의자에 앉았지만 온몸이 떨리는 서윤.

떨리는 손으로 휴대폰을 꺼내 들어,

통화 기록 제일 위에 있는 '찐친님'에게 전화를 건다.

금방 전화를 받는 지민.

지민(E)   뭐야, 벌써 헤어졌어? (장난스럽게) 데이트가 생각보다

별로였나 봐?

서윤   (울음 섞인 목소리) 지민아….

심상치 않은 서윤의 목소리에 곧장 이상을 감지하는 지민.

지민(E)   (다급) 왜 그래? 무슨 일 있어?

서윤   (횡설수설) 눈을 떴더니 내가 버스 안에….

지금 여기가 어딘지,

무슨 상황인지 하나도 모르겠어. 아무것도 기억이 안 나.

길가

이미 버스는 보이지 않고,

저 멀리 버스가 간 방향을 쳐다보고 있는 재원.

넋이 나간 듯 혼란스러운, 허탈하고 힘이 쭉 빠지는 재원.

그때 울리는 재원의 휴대폰 벨 소리,

황급히 휴대폰을 확인해 보는데….

'최지민'에게서 온 전화다.

버스 안

휴대폰 메모, 사진첩의 사진과 동영상을 급하게 보는 서윤.

혼란스러움과 미안함이 뒤섞여 어쩔 줄 모르고.

야속한 눈물만 계속 흐르는데.

S#42   **동네 일각** | 밤

어느덧 짙은 어둠이 깔리고 비도 그친 상황.

젖어 있는 바닥과 지붕 처마에서 떨어지는 물방울들.

비에 쫄딱 젖은 재원이 터덜터덜 걸어온다.

기다리고 있었는지, 앞에 서윤이 서 있다. 멈춰 서는 재원.

서로를 마주 보고 서 있는 두 사람.

재원	(조심스럽게) 안녕? 그러니까…. 나는,
서윤	김재원…, 맞지?
재원	(애써 미소 지어 보이며) 응. 안 추워?

그 순간, 저도 모르게 울컥 눈물이 차오르는 서윤.

손에 쥔 휴대폰을 힘주어 잡는 서윤의 손끝이 하얘진다.

| 서윤 | 내가…, 기억장애를 앓고 있대. 아니, 그러니까…. 기억장애가 있어.
선행성 기억상실증이란 건데…. 잠에 들면 그날 있었던 일을…, 전부 잊어버려. |

힘겹게 말을 이어가는 서윤.

| 재원 | (다정한 목소리로) 힘들면 굳이 지금 말 안 해도 돼.
| 서윤 | 미안….

차마 재원을 제대로 쳐다보지 못하는 서윤.
늘 밝고 당당했던 서윤의 낯선 모습에 재원의 가슴이 아려온다.

CUT TO. 시간 경과

벤치에 나란히 앉아 있는 재원과 서윤. 손에 들린 자판기 커피.

| 서윤 | 장애가 있는 것도 숨기고…. 널 이상한 일에 끌어들여서.
| 재원 | 이상한 일?

서윤	이기적인 맘으로 널 이용했어.
	이런 나라도…, 뭔가 새로운 일이 가능하지 않을까 하고.
재원	이용해도 돼.
서윤	?

놀란 눈으로 재원을 바라보는 서윤.

재원	오늘 일도 써놓지 않으면 내일의 너는 모르는 거지?
서윤	그렇겠지….
재원	그럼 나한테 기억장애에 관해 얘기했다는 건 쓰지 마.

서윤의 눈이 더욱 커진다.

서윤	그게 무슨….
재원	난 너랑 노는 게 재밌거든. 그래서 앞으로도 달라지지 않았으면 좋겠어.
	그러니까…, 내일의 너를 같이 속이자.
서윤	….
재원	물론 너만 괜찮다면.

예상치 못한 재원의 제안에 뭐라 할 말을 잃은 듯한 서윤.

가만히 서로를 바라보는 두 사람 사이, 정적이 흐른다.

재원	(일어나며) 이제 갈까? 데려다줄게.
서윤	(일어나며) 응….

걸음을 옮기려는데,

재원의 시야에 서윤의 풀린 운동화 끈이 보인다.

재원   잠깐만.

서윤   ?

곧장 무릎을 꿇고 앉아서는 서윤의 운동화 끈을

자신의 방식대로 단단히 매어주는 재원.

재원   **이렇게 묶어야 안 풀려.**

당황한 듯하지만 싫지는 않은 표정의 서윤.

서윤   **고마워….**

내려다보이는 재원의 어깨가 왠지 듬직하다.

S#43   **재원 방** | 오전

다음 날. 책상에 앉아 컴퓨터로 인터넷 검색하는 재원.

꽤 진지한 표정.

검색어는 기억장애, 선행성 기억상실증 등.

자료들을 열심히 보는 재원.

 동네 일각 벤치　　│ 오후

나란히 앉아 있는 재원과 지민. 잠시 정적이 흐르고….

지민　　할 말이 뭐야?

재원　　어제 나한테 전화해 줘서 고마워.

지민　　고마워할 거 없어.

　　　　난 하고 싶은 일만 하고 할 수 있는 일만 하니까.

재원　　(고개 끄덕)

지민　　서윤이가 기억장애를 앓고 있다는 걸 굳이 숨겨온 이유

　　　　가 뭔지 알아?

재원　　서윤이가 원해서?

지민　　기억장애가 있다는 소문이 퍼지는 건 위험한 일이야.

　　　　무슨 일이 일어나도…, 서윤이는 그걸 기억하지 못하니까.

뒤통수를 한 대 세게 맞은 듯 충격을 받은 재원의 얼굴.

지민　　그런 공포가 서윤이한텐 정신적으로 부담이 돼.

　　　　지금은 최대한 스트레스를 줄이고 정신을 안정시키는

　　　　게 중요하거든.

재원　　그렇지…. 세상에 좋은 사람들만 있는 게 아니니까.

지민　　그래서 말인데, 넌 좋은 사람이야?

재원　　글쎄….

지민의 물음에 잠시 말문이 막히는 재원.

재원   난 그냥…, 내일의 서윤이도 즐겁게 해주고 싶어.

가만히 재원을 바라보는 지민.

재원   서윤이가 조금이라도 일상을 즐겁게 느낄 수 있게
          앞으로 서윤이의 일기를 즐거운 추억들로 가득 채워줄
          거야.

고스란히 전해져 오는 재원의 진심을 느끼는 지민.
그런데 어쩐지 생각이 많아 보인다.

재원   그리고 사실…. 어제 일은 일기에 쓰지 말아 달라고 부탁
          했어.
지민   (화들짝) 뭐?!
재원   나한테 미안해한다거나, 그래서 피한다거나 하지 않았
          으면 좋겠거든.
지민   (깊은 한숨)
재원   너한테는 솔직하게 말해야 할 것 같아서.
지민   …나한테 왜?
재원   무섭거든.
지민   뭐래! 그래도…. (잠시) 너라면 이제 믿을 수 있을 것 같아.
재원   진짜? 감동인데?
지민   (괜히 툴툴대며) 나중에 무책임하게 혼자서 도망가지나 마.
재원   그땐…, 너한테 뒷일을 맡길게!
지민   그게 무책임한 거라고!

서윤을 진심으로 아끼는 서로의 마음을 확인한 두 사람.

여전히 투닥거리긴 하지만 두 사람의 사이가

전보다 한결 편해 보인다.

S#45 　　　**학교**　　　/ 교문 앞 | 낮

방과 후. 잔뜩 긴장한 표정으로 교문 앞에 서 있는 재원.

그때, 오늘도 어김없이 불쑥 얼굴을 들이미는 서윤.

서윤　　(밝은 미소와 함께) 안녕? 김재원?

전과 같이 환한 얼굴의 서윤을 보며

서윤이가 데이트 날 사고를 기록하지 않았음을 확신하는 재원.

안도감과 기쁨에 좀처럼 환하게 웃지 않던 재원이

서윤을 보며 해맑게 웃는다.

그런 재원을 보며 도리어 의문스러운 표정을 짓는 서윤.

서윤　　무슨 좋은 일 있어?

재원　　(해맑게) 응!

서윤　　(궁금) 뭔데?

재원　　비밀이야. 가자.

곧바로 못마땅해지는 서윤의 표정. 걸으며 대화하는 재원, 서윤.

재원	넌 진짜 표정에 다 드러나.
서윤	(눈살을 찌푸리며 갸웃) 내가?
재원	이것 봐.

이에 어쩔 줄 모르는 서윤을 보며 귀엽다는 듯 웃는 재원.

적극적으로 변한 재원과 이에 부끄러워하는 서윤,

어째 처음과 반대가 된 듯하다.

그래도 처음과 똑같이,

함께 나란히 걸어가는 두 사람의 뒷모습이 보기 예쁘다.

S#46 재원 집   / 거실 | 밤

소파에 앉아 TV를 보며 맥주를 마시고 있는 상현.

그 앞, 재원이 바닥에 앉아서 사과를 깎고 있다.

| 재원 | (갑자기 불쑥) 나 여자친구 생겼어. |

시원하게 맥주를 들이켜다 사레가 들린 상현.

| 상현 | (슬쩍 재원을 바라보며) 여자친구…, 란 말이지? |

장난스럽게 눈을 흘기는 상현의 시선을 피하는 재원.

| 상현 | (재원의 머리를 헝클어뜨리며) 짜식, 다 컸네! |

재원	(상현의 손을 쳐내며) 아, 뭐래!
상현	안 되겠다, 아빠가 용돈 좀 줘야지.
재원	됐어, 돈 없잖아.
상현	야잇, 공방에 찾아오는 사람들이 좀 생겼어.

앞에 걸쳐둔 외투에서 지갑을 꺼내 5만 원권 두 장을 건네는 상현.

씨익 웃으며 아빠에게 포크로 사과 찍어서 건네는 재원.

| 재원 | 사진도 다시 찍을 거지? |
| 상현 | 맥주 마셨더니…, 화장실이…. |

피하듯 벌떡 자리에서 일어나 가는 상현.

그런 상현의 뒷모습을 보며 어쩐지 체념하는 듯한 재원의 표정.

S#47　　학교　／ 운동장 ｜ 낮

매미 울음소리가 가득 울려 퍼지는 푸르름 가득 찬 학교 풍경.

장맛비처럼 쏟아져 내려오는 학생들.

이제는 자연스럽게 서윤을 기다리고 있는 재원.

뭔가 탐탁지 않은 표정인데.

| 재원 | 내가 만나기로 한 사람은 서윤이뿐인데. |

재원의 말에 머쓱하게 웃는 서윤과

표정 변화 하나 없이 못 들은 척하는 지민.

옆에 태훈도 서 있다.

태훈   (역시 모른 척 포효하며) 드디어!!! 기말고사도 끝났는데
        우리 오늘 뭐 할까?

잔뜩 신이 난 태훈이 서윤과 지민 사이를 비집고 들어간다.

태훈   (서윤 보고) 뭐 할까? (지민 보고) 뭐 할까?
지민   (냉담) 너랑 뭘 해야 돼?

한껏 업돼 있던 태훈의 텐션이 지민의 말에 곧장 가라앉는다.

재원   (서윤에게) 뭐 하고 싶은 거 있어?

재원의 말에 생각에 잠기는 서윤.

그러자 태훈이 지민을 슬쩍 보다가

슬그머니 지민과 서윤에게 어깨동무하며 조잘댄다.

태훈   그래! 오늘 스트레스 제대로 풀어야지!

지민, 어깨를 으쓱하며 태훈의 손을 쳐낸다.

민망한 태훈. 애써 아닌 척하며.

태훈   (서윤에게) 어디 갈까?

그러자 바로 서윤의 어깨 위에 있는 태훈의 손을 탁! 쳐내는 재원.

태훈과 서윤 사이로 들어오는 재원,

태훈을 찌릿 노려보며 귓속말한다.

재원   (작게 귓속말) (단호) 손대지 마.

투닥거리는 재원과 태훈을 뒤로하고

여전히 조용히 고민 중인 서윤.

서윤   (이내 눈빛을 반짝이며) 나, 펭귄 보고 싶어!

공공 자전거를 타고 해안가 도로 위를 달리는 네 사람.

옆으로 펼쳐진 푸른 바다.

바닷바람을 맞으며 달리는 기분이 좋은 듯하다.

맨 앞에 태훈, 옆의 지민을 힐끔힐끔 보며

입가에 미소가 숨겨지지 않는다.

지민   야! 위험하잖아!! 앞에 봐!!!

태훈   (싱글벙글) 나 걱정해 주는 거야?

고개를 절레절레 저으며 앞으로 치고 나가는 지민.

좋다고 쫓아가는 태훈.

그리고 뒤에, 웃음이 멈추질 않는 서윤,

속이 뻥 뚫리는 듯 신이 나 소리 지른다.

서윤   (신나게 페달을 밟으며) 와!!!!!!

재원   (웃으며) 조심해!

역시 즐거워 보이는 재원.

저마다 환호성을 내지르며 내리막길을 타고 내려오는

아이들의 얼굴에 웃음꽃이 끊이지 않는다.

아쿠아리움 앞-안 | 낮

아쿠아리움 앞

입구에 도착해 자전거를 세워두고 안으로 들어가는

재원, 서윤, 지민, 태훈.

아쿠아리움 안

수조 터널을 지나며 물고기를 보는 네 사람.

서윤과 지민이 꼭 붙어 있고,

뒤에 재원과 태훈도 구경하며 뒤따라온다.

전면이 수조인 앞에서 물고기를 보는 네 사람.

신기한 듯 반짝이는 눈으로 동영상 촬영하며 보는 서윤과

그런 서윤을 바라보는 재원.

지민도 한편에서 사진 찍고 있다.

수족관 안 투명한 돔 안으로 들어가 빼꼼 머리 내밀어 보는 태훈.

그 모습을 보고 있는 재원, 서윤, 지민.

여기저기 돌아다니며 구경 중인 서윤과 지민.

뒤따르는 재원과 태훈.

서윤은 휴대폰으로 동영상을 찍고 있다.

자리를 옮겨 펭귄 구역을 찾는 네 사람.

펭귄 구역 앞으로 오지만 '**펭귄은 오늘 쉬고 있어요.**

다음에 만나요' 팻말이 붙어 있다.

재원	펭귄은…, 어디에 있지?
태훈	자러 갔나?

서윤은 이미 만족한 듯 잔뜩 신이 난 상태로, 방긋 웃어 보인다.

서윤	괜찮아!

서윤을 보며, 본인이 더 아쉬운 표정인 재원.

  바닷가 | 낮-해 질 녘

데이트 때 갔던 언덕 아래, 바닷가.

기분 좋은 파도 소리와 함께 티 없이 푸른 하늘과 바다가 끝없이

이어지는 바닷가 풍경.

운동화를 각자 손에 들고, 맨발로 해변가를 걷고 있는 재원과 서윤.

서윤   오늘 진짜 재밌었다.

바다를 보며 눈을 떼지 못하는데….

서윤   (감탄) 너무 예뻐!!!
재원   (뿌듯) 좋아할 줄 알았어.

두 눈을 반짝이며 진심으로 좋아하는 서윤,

이내 여름 해처럼 환한 얼굴로 재원을 바라본다.

그런 서윤을 보며 재원도 밝게 웃는다.

CUT TO.

신발과 가방은 한편에 두고 온 재원과 서윤.

투명하다시피 맑은 바닷물에 발을 담그고 좋아하는 서윤.

이내 실수인 척, 자연스럽게 재원에게 물을 튀긴다.

서윤의 장난에 웃으며 고개를 돌려 물을 피하는 재원.

재원을 보고 꺄르르 웃는 서윤, 다시 물을 튀기며 장난친다.

서윤의 장난에 재원도 지지 않고 똑같이 물을 튀긴다.

피하는 서윤, 하지만 그저 이 상황이 재미있고 좋다.

웃으며 휴대폰으로 같이 사진을 찍는 두 사람.

한적한 바닷가,

그렇게 재원의 비밀 장소에서 둘만의 추억을 쌓아나간다.

CUT TO. 해 질 녁

바다에서 나와 해변가에 놓아뒀던 신발을 다시 신는 두 사람.

자신의 운동화와 재원의 운동화를 번갈아 가며 살펴보던 서윤이

입을 뗀다.

서윤	신발 끈, 어떻게 묶은 거야?

말없이 서윤의 운동화 끈을 자신의 방식대로 새로 매어주는 재원.

재원이 묶어준 신발 끈을 가만히 보던

서윤이 이내 개구지게 웃으며 말한다.

서윤	어렵네.
재원	괜찮아, 내가 묶어주면 되지.

덤덤한 재원의 말에 오히려 더 부끄러워지는 서윤.

서윤	(괜히 헛기침하며) 아, 진짜 예쁘다…. (밝게) 우리 여기 또 오자.
재원	그래. 또 오자.
서윤	진짜지? 약속했다?

재원	(고개 끄덕이며 미소)
서윤	(바다를 바라보며) 오늘도…, 이렇게 끝이네.
재원	내일의 너도 즐겁게 해줄게.

순간 흠칫하는 서윤, 가만히 재원을 바라본다.

서윤	(괜히 재원의 팔뚝을 퍽! 치며) 뭐야! 느끼해!
재원	(웃다가 괜히 더 느끼하게) 그래서, 싫어?
서윤	풉!

같이 웃는 두 사람.

S#51   서윤 방 | 밤

책상 앞에 앉아서 일기를 쓰고 있는 서윤.

슬그머니 미소가 번진다.

현관에 놓인 모래 묻은, 끈이 단단히 매어진 서윤의 운동화.

S#52   재원 방 | 밤

방 한쪽에서 시커먼 물건(#53의 펭귄 관련 소품.

자세히 보이지 않음)을 앞에 두고 앉아,

진지하게 무언가 하고 있는 재원. 뭐가 좋은지 히죽- 웃음이 나온다.

주말, 사복을 입은 채 어디론가 발걸음을 옮기는

서윤과 지민의 모습이 보인다.

앞서서 서윤의 손을 잡고 끄는 지민과 어리둥절한 표정의 서윤.

서윤   우리 어디 가는데?

지민   글쎄, 나도 몰라.

서윤   ?

CUT TO.

그런 두 사람의 모습을 숨어서 지켜보는 누군가의 시선.

그리고 통실통실한 검은색 손이 서윤의 어깨를 톡톡 친다.

뒤돌아보며 깜짝 놀라 멈춰 선 서윤과 지민.

앞에 펭귄 두 마리가 파닥거리고 있다.

이내 경악스러운 표정을 짓는 지민과 고개를 갸웃하는 서윤.

태훈   (두 날개를 쫙 벌리며) 짜잔!

재원   (멋쩍어하며) 어…, 안녕?

재원, 시뻘게진 얼굴로 손을 흔들어 보이는데….

커다란 펭귄 날개가 허공을 가로지른다.

서윤도 손을 들어 인사해 준다. 골치 아픈 지민.

두 사람의 시선이 닿는 곳….

얼굴만 뻥 뚫린 펭귄 탈과 옷을 뒤집어쓴 재원과 태훈이 서 있다.

서윤이 재원을 알아보고 웃는다.

서윤   야! 너 뭐야!!

그때, 뒤에 있던 펭귄 태훈이 팔짝팔짝 튀어 오른다.

태훈   세상에서 제일 귀엽고 잘생긴 펭귄 대령이오!
지민   미친….

이 모습이 귀여운지 즐거워하며 웃는 서윤.

서윤을 보며 재원의 귀에 대고 속삭이는 태훈.

태훈   봐. 여자는 이벤트에 약하다니까? 맞지? 맞지?
재원   으…, 응…. (이마를 짚으며) 하…, 내가 미쳤지.

재원, 뒤늦게 밀려온 현타에 뒤돌아 가려는데,

펭귄 재원의 팔을 잡는 서윤.

서윤   (힘겹게 웃음을 참으며) 아아! 잠깐만, 잠깐만!!!

서윤의 다급한 목소리에 돌아보는 재원.

이를 놓치지 않고 급하게 휴대폰을 꺼내 들고

사진과 동영상을 찍기 시작하는 서윤.

서윤이 빠른 속도로 연속 사진을 찍어대면,

허둥지둥 얼굴을 가리는 펭귄 재원의 모습.

찍으려고 달려드는 서윤과

가리고 종종걸음으로 도망치기 바쁜 재원.

태훈은 지민이 앞에서 펭귄 애교를 선보인다.

태훈   (요리조리 포즈를 취하며) 나 찍어! 나!

그러나 태훈에겐 관심도 없는 지민.

지민   (태훈에게 다가가) 이거 하려고 그렇게 며칠 동안 사람 피
       곤하게 한 거야?
태훈   (뿌듯) 어때? 아이디어 좋았지?
지민   (서윤이를 보며) 좋아…, 하는 것 같네.

서윤은 도망치는 재원을 집요하게 쫓기 시작하고….

뒤뚱뒤뚱 점점 빨라지는 재원의 걸음.

빙글빙글 두 사람의 술래잡기가 시내 한복판에서 벌어진다.

CUT TO.

지민의 카메라 시점으로 보이는

펭귄 재원, 펭귄 태훈, 서윤, 지민.

함께 서서 기념사진을 찍는 네 사람.

S#54   **서윤 방** | 밤

그날 밤. 서윤이 침대에 기댄 채,

아까 휴대폰으로 찍은 4명의 기념사진을 보고 있다.

이어서 펭귄 재원의 사진과 영상들을 본다.

배시시 배시시 새어 나오는 웃음을 참지 못하는 서윤.

영상 속, 소리만 들어도 즐거운 아이들의 웃음소리가

서윤의 방 안을 가득 채운다.

휴대폰 갤러리 가득, 재원과의 추억이 흘러가고….

CUT TO.

컴퓨터로 일기를 작성 중인 서윤.

타자를 치던 서윤의 손이 잠시 멈춘다.

그러다 문득 표정이 어두워진다.

고개를 떨구다가 무언가 발견하는데….

책상 위 올려진 노트 속에 쓰인 일기.

재원이 바닷가에서 해준 말과 함께 서윤이 그린 재원의 얼굴 스케치.

'내일의 너도 즐겁게 해줄게.' 씁쓸한 표정의 서윤.

S#55   **학교**   / 교실-복도 | 낮

교실 | 낮

수업 시간. 책상에 앉아 수업을 듣고 있지만,

집중이 되지 않는 서윤.

그런 서윤을 걱정스레 보는 지민.

복도 | 낮

교과서를 챙겨 들고 이동 수업에 가는 서윤과 지민.

휴대폰에 코를 박고 한가득 쌓여 있는

메모들을 확인하고 있는 서윤, 낯빛이 피곤해 보인다.

그런 서윤이 걱정스러운 듯 조심스럽게 서윤의 상태를 살피는 지민.

S#56　　　　**편의점**　　/ 안-앞 | 낮

방과 후. 편의점에서 간식 고르고 있는 재원과 태훈.

편의점 앞 테이블에 앉아 있는 서윤과 지민.

지민　　　요즘따라 좀 피곤해 보여.

서윤　　　요즘?

(애써 웃으며 장난스레) 나야 모르지!

재원과 태훈이 편의점 안에서 간식거리들을 잔뜩 사 들고 나온다.

태훈이 지민에게 간식을 건네며,

태훈　　　너 이거 좋아하지?

지민　　　어. 땡큐.

재원, 평소와 다르게 어딘가 지친 듯한 서윤을 보는데.

괜찮은 척 웃어 보이는 서윤과 걱정스럽게 바라보는 지민.

S#57　　　　**서윤 방-화장실**　　| 밤-새벽

서윤 방　　　| 밤

불 꺼진 방 안, 컴퓨터로 써놓은 일기들을 읽고 또 읽는 서윤.

이어 수첩에 쓰인 메모도 읽는다.

화장실　　　　| 밤

세면대에 물을 받은 채, 얼굴을 푹 담그고 고개를 드는 서윤.

거울에 비친 서윤의 모습, 잠을 깨려고 노력하고 있다.

서윤 방　　　　| 밤-새벽

새벽 1시가 넘은 시각. 잠에 들지 않으려는 듯,

방 안을 여기저기 돌아다니는 서윤.

손에는 수첩이 들려 있다.

CUT TO.

어느덧 시간은 흘러 새벽 3시가 넘었다.

졸음이 가득한 눈을 비벼대면서도 잠에 들지 않으려 애쓰며

방 안을 돌아다니는 서윤.

서윤 방-문 앞-1층　　　　| 새벽

방문 틈으로 새어 나오는 불빛.

1층의 엄마가 그 불빛을 발견한다. 걱정스러운 표정.

S#58　　　**재원 방**　　| 새벽

책상 위에 기억, 뇌에 관련된 책들이 여러 권 올려져 있다.

책상 앞에 앉아 컴퓨터로 자료를 찾고,

관련 유튜브를 보고 있는 진지한 표정의 재원.

S#59 **학교** / 체육관 스탠드 | 낮

점심시간. 자유롭게 시간을 보내고 있는 학생들의 모습 속에,
2층 스탠드에 앉아 있는 심각한 표정의 지민.
재원이 다가가 옆에 앉는다.

재원	무슨 일이야?
지민	(조심스럽게, 재원을 살피며) 오늘 아침에 서윤이 부모님 한테서 연락이 왔어.
재원	?

지민	서윤이가 요즘 잠에 드는 걸 두려워하는 것 같다고….
재원	(충격받은) 뭐?
지민	너도 느꼈지? 최근 들어 서윤이가 뭔가 달라진 거.
재원	어째서…. 하루하루 더 즐겁게 해주려고 노력했는데….
지민	그래서 그런 거야.
재원	?
지민	즐겁고 소중할수록 그걸 잊어야 하는 아픔은 더 클 테니까.
재원	….

어쩐지 혼란스러워 보이는 재원의 얼굴.

| 재원 | 그래서 우울해했다는 게…. 서윤이 상태는 매일 리셋되는 거 아니었어? |
| 지민 | 기억이 남지 않는다고 해서 감정도 남지 않는 건 아니야. |

전혀 생각지 못한 지민의 말에 깊은 생각에 잠기는 재원.

S#60   상현의 공방 | 낮

재원의 집 1층 상가.

스테인드글라스로 만든 장식품들이 진열되어 있는 공방 안 풍경.

테이블에 모여 앉아 집중하고 있는 재원, 서윤, 지민, 태훈.

여러 색의 유리 조각이 앞에 있고,

조각을 맞춰 각자의 모양을 만든다.

모두가 집중하는 와중에 태훈은 작업에는 관심이 없는 듯,

유리 조각을 들어 그 사이로 지민을 보고 있다.

유리의 색깔로 투과되어 보이는 지민의 모습.

집중해서 조각을 맞추는 재원, 사뭇 진지한데.

Ins. S#50. 낮

바다에서 눈을 떼지 못하는 서윤.

재원을 보며 환하게 미소 짓는다.

서윤   (감탄) 너무 예뻐!!!

Ins. S#50. 해 질 녘

반짝이던 서윤의 얼굴.

서윤   아, 진짜 예쁘다. 우리 여기 또 오자.

집중해서 모양을 만들어가는 재원, 집중하고 있는 서윤을 본다.

시선 느낀 서윤이 보면, 눈이 마주치는 두 사람.

방긋 웃는 서윤의 모습 위로 지민의 목소리.

S#59. 학교   / 체육관 스탠드 | 낮

지민(V.O)   즐겁고 소중할수록 그걸 잊어야 하는 아픔은
            더 클 테니까.

생각이 많아진 듯한 재원. 하지만 이내 서윤을 향해 웃어 보이고,

다시 유리 조각을 맞추는 데 집중한다.

CUT TO. 시간 경과

서윤   (지민이 하던 거 보고) 오? 니 꺼 되게 이쁘다!

재원   (지민이 하던 거 보고) 생각보다 잘하는데?

지민   (괜히 쑥쓰) 어…. 그래? 뭐….

태훈   (불쑥 고개 내밀고) 오. 좋겠다.

　　　　　 (일어나며) 야야 내 꺼 봐봐. 봐. 봐. 이거 봐봐.

태훈이 일어나 관심을 집중시킨다.

보면, 유리 조각들로 도미노를 만들었다.

한 조각을 툭 치면 와르르 넘어지는 도미노 조각들.

지민을 향한 방향으로 넘어지던 조각들의 끝엔, 하트 모양의 유리.

태훈, 지민에게 능글맞은 표정으로 손하트를 날린다.

지민   (개의치 않고) 집중 안 하냐?

태훈   (자세 고쳐 앉으며) 넵. 다시 집쯩! (이내) 나 니 말 잘 듣지

　　　　　 않냐?

고개를 절레절레 흔드는 지민.

그러다 뒤편, 바닥에 놓인 상현의 사진 액자들을

발견한다(인스타그램에서 본 사진과 동일).

그때, 상현이 양손에 음료수를 들고 들어온다.

| 상현 | 애들아. 잘 돼가? 시원한 거 마시면서 해. |

상현, 다가와 음료수를 나눠준다.

| 모두 | 감사합니다. |

상현은 다시 공방 안쪽으로 들어간다.

| 재원 | (상현 보며) 아빠, 고마워요. 잘 마실게요. |

공간을 나누던 커튼을 걷어내고 안쪽으로 들어가는 상현.
그 사이로 보이는 바닥에 놓인 상현의 사진들. 갸우뚱하는 지민.
그러다 옆에, 사진기를 든 상현의 모습을 담은
셀프 포트레이트 발견하고 눈이 커진다.
컴퓨터 앞에 앉아 있는 상현의 모습과
사진을 번갈아 가며 보는 지민.
확신에 찬, 매우 흥분 상태가 되어, 허업- 입을 틀어막는다.

지민	(재원에게 속삭이듯, 다소 흥분) 혹시…. 너희 아빠 김상현 작가님이셔?
재원	응.
지민	(허업) 진짜? 우와!!! 나 진짜 팬인데…. (휴대폰 들어 인스타 화면 보여주며) 내가 인스타도 팔로우 하고 있거든.

평소답지 않게 신난 지민.

| 서윤 | (살짝 놀란, 웃으며) 와. 지민이가 진짜 좋아하는 작가님
이신데….
재원이 아버지셨구나. 진짜 신기하다. 우와. |
| 재원 | (다소 어색) 아…. 어…. |

평소 같지 않은 밝은 지민의 모습에 더 반한 듯,

미소가 지어지는 태훈.

| 태훈 | 나도 보여줘. 나도 보여줘. 오. 나도 팔로우할래.
(상현 부르며) 아버님. 바쁘신가요? 여기 열렬한 팬이 있
습니다. |
| 지민 | (헙) 야. 왜 그래? 뭐야? |

좋으면서 괜히 태훈한테 뭐라 하는 지민.

그때, 소리를 듣고 나오는 상현.

태훈	아버님. (지민이 가리키며) 얘가 진짜 팬이래요.
상현	아. 그래? (지민 보며) 사진 좋아하는구나?
지민	(작게) 네.

부끄러워서 말도 못 하는 지민. 태훈에게 귓속말한다.

그런 지민이 귀여운 태훈. 대신 말을 전한다.

| 태훈 | 엄청 팬이라는데요. |

상현, 웃어주고, 태훈에게 또 귓속말하는 지민.
괜히 기분 좋은 태훈.

태훈	(듣고) 작가님이 롤모델이래요.
	하고 싶은 얘기가 너무 많은데, 오늘은 떨려서 못 하겠
	대요.
상현	아. (웃음) 고맙다.

부끄러워하는 지민을 모두 웃으며 쳐다보는데.
뭔가 생각난 듯, 또 태훈에게 귓속말하는 지민.

| 태훈 | 근데, 왜 요즘은 사진 업데이트를 안 하시냐는데요. |
| 상현 | 어? (멈칫) 뭐…, 좀 바빠서…. |

재원을 힐끗 보는 상현.

| 태훈 | 바쁘시겠지만 사진 좀 자주 올려주세요! (꾸벅) |
| 상현 | (인자하게 웃어주며) 어어…. |

기분 좋아 보이는 지민과 덩달아 기분 좋아진 태훈.
이 모습을 예쁘게 보고 있는 서윤.
생각 많은 표정으로 물끄러미 상현을 보고 있는 재원.

S#61　　　　**재원 집**　　　/ 거실 | 저녁

집으로 들어오는 재원. TV 보면서 캔맥주 마시고 있는 상현.

그런 상현을 보고 옆으로 와서 앉는 재원.

재원	맛있어?
상현	친구들은 잘 갔어?
재원	어….
상현	여자친구 예쁘더라.
재원	응. 예뻐.
상현	요즘 데이트하느라 늦게 다녔구나?
재원	뭐 조금….
상현	(피식) 그래도 조금 일찍 다녀.
재원	응.
상현	피곤하면 안 좋잖아.
재원	(끄덕) 응.

잠시 정적.

재원	공방은 언제까지 할 거야? 아빠 일은 안 해? 아까 보니까, 지민이가 아빠 엄청 팬이던데….
상현	나도 너희 엄마 닮아서 재능이 있나 봐. 원데이클래스도 재밌고.
재원	(잠시 생각에 잠긴 후) 이제 엄마 물건은…, 정리하는 게 좋지 않을까?

| 상현 | 글쎄…. 봐서. |

차마 재원과 눈을 마주치지 못하고 머쓱한 미소를 지어 보이는 상현.

| 재원 | (괜히) 계란후라이 해줄까? |
| 상현 | 야, 그 정도는 아빠도 할 수 있거든? |

자리에서 일어서려는 상현을 저지하는 재원.

| 재원 | 아, 됐어. 아빠가 하면 기름 다 튀잖아. |
| 상현 | 너 남자애가 그렇게 깔끔 떨면 재수 없다? |

두 사람 모두,

서로를 생각하는 마음으로 괜히 더 투닥거리기 시작한다.

S#62 재원 방 | 밤

책상 앞에 앉아 있는 재원.

서랍을 열어 깊숙한 곳에 넣어둔 상자를 꺼낸다.

열어보면, 재원이 어릴 적 엄마와 찍은 사진

(어릴 적 농구했던 사진 노출),

젊은 시절 엄마의 사진, 어릴 적 함께 찍은 가족사진 등.

한참을 보다가 다시 넣고는 서랍을 닫는다.

 바닷가 길 | 낮

바다가 보이는 길. 걸으며 대화 중인 재원과 서윤.

둘 다 슬러시 음료 마시고 있다.

재원   우리 여름방학 때 뭐 할까?

서윤   그러게…. 벌써 방학이네.

씁쓸해 보이는 서윤의 표정. 그런 서윤의 상태를 살피는 재원.

CUT TO.

앉아 있는 재원과 서윤. 재원이 한참을 머뭇거리다…,

입을 뗀다.

재원   나….

서윤   ?

재원   너한테 주고 싶은 선물이 있는데.

서윤   선물?

재원   별거 아니긴 한데.

공방에서 만든 여자(서윤) 모양 유리 장식을 조심스럽게 내미는 재원.

서윤의 두 눈이 동그래진다.

서윤   어? 나도 이거….

서윤이 공방에서 만든 남자(재원) 모양 유리 장식을 꺼내 보인다.

서로 마음이 통한 듯, 하지만 어쩐지 쑥스러워,

배시시 웃는 두 사람.

재원   이거 빛 받으면 되게 예쁘게 반짝거린다?

하고 여자(서윤) 모양 유리 장식을 바다 쪽으로 들어 보이면,

132

서윤도 따라서 남자(재원) 모양 유리 장식을

바다 쪽으로 들어 보인다.

바다의 수평선에서 마주 보고 있는 남녀 유리 장식이 반짝거린다.

마치 그날의 두 사람처럼,

바다에 온 듯 보이는 재원과 서윤 모양 유리 장식.

장난 어린 미소를 지어 보이는 재원.

그런 재원의 미소에 서윤의 마음이 따뜻해진다.

서로에게 건네고.

재원	처음인데 잘 만들었네?
서윤	이래 봬도 중학교 때까진 미술 꿈나무였거든? 지금은 뭐…. 다 까먹었지만.

서윤의 말에 무언가 골똘히 생각하는 재원.

재원	잊지 않았을 거야.
서윤	?
재원	그건 머리가 기억하는 게 아니라 네 몸이 기억하는 거니까.

기억이란 단어에 흠칫하는 서윤.

그런 서윤을 애써 모른 체하며

'절차 기억'에 관한 이야기를 덧붙이는 재원.

재원	유튜브에서 봤는데 그런 걸 절차 기억이라고 한대. 뇌가 아니라 감각에 뿌리내린, 몸이 익히는 기억.

| 서윤 | 절차 기억? |

재원의 말에 솔깃해하는 서윤.

서윤	(조심스럽게) 절차 기억이란 건 정말 안 없어질까?
재원	기억상실증에 걸렸다고 해서 자전거 타는 법을 잊어버 릴까?
서윤	…!

재원의 대담한 질문에 잠깐 당황하는가 싶더니

이내 생각에 잠기는 서윤.

심각한 표정을 짓고 있던 서윤의 얼굴에

알아차리기 힘든 옅은 기쁨이 살짝 떠오른다.

그런 서윤이 짠하면서도 한편으론 대견하게 느껴지는 재원.

S#64   서윤 방 | 밤

책상 앞에 앉아 있는 서윤.

책상 위엔 재원에게 받은 유리 장식이 놓여 있다.

컴퓨터로 재원이 말했던 '절차 기억'에 관해 찾아보는 서윤.

'절차 기억은 반복을 통해 습득된 기억을 가리킨다.

운동, 악기 연주, 그림 그리기 등과 같이 몸으로 익혀

기억하는 것 등을 이른다.'

상기되는 서윤의 얼굴.

책장 구석 깊숙한 곳에 꽂혀 있던

낡은 크로키 북 하나를 조심스럽게 꺼내 든다.

휴대폰으로 재원의 사진을 띄워놓고….

그 옆에 크로키 북을 펼쳐놓은 서윤.

한참을 머뭇하더니…, 이내 조심스럽게 스케치를 하기 시작한다.

슥슥 스케치를 이어가는가 싶더니 순간 멈칫하는 서윤의 손,

어느 정도 형상이 완성된 그림 속 재원의 얼굴을

가만히 바라보다…,

다시 연필을 꽉 쥐고는 마저 스케치를 이어간다.

S#65　　　달라진 서윤의 여름방학 몽타주

울창한 나무숲　　　| 낮

장난치며, 웃으며, 걷고 있는 재원과 서윤.

상현의 공방　　　/ 앞-안 | 낮

공방으로 걸어오는 지민.

문 앞 유리에 붙어 있는 불꽃놀이 포스터를 발견하고

휴대폰으로 찍는다.

사진을 단톡방(재원, 서윤, 지민, 태훈)에 올린다.

공방 안으로 들어오는 지민.

미리 와 있던 재원, 서윤, 태훈과 인사하고 합류한다.

(재원과 서윤은 물고기, 조개 모양 유리 장식 만드는 중이었고,

lways
choose
appiness

태훈은 휴대폰 보며 딴짓하던 중)

휴대폰으로 사진 보며 지민에게 말 거는 태훈.

태훈	가자고 보낸 거지? 콜!! 가자!!
지민	너한테 보낸 거 아니거든?

불꽃놀이 포스터 사진을 함께 보는 재원과 서윤.

그런 재원과 서윤의 모습을 보면서 흐뭇한 상현.

야외 건물 계단 | 낮

바다 마을 전경 보이고.

장난치듯, 위아래로 계단을 내려오는 재원과 서윤.

일상처럼 편안한 모습.

서윤 방 | 낮

크로키 그림들이 벽면 곳곳에 붙어 있고,

색칠이 된 그림들도 여러 개 붙어 있다.

초록의 언덕 그림, 파란 바다 그림,

그 아래 테이블에 놓여 있는 선물 받은 여자(서윤) 모양,

물고기, 조개 유리 장식들. (책상용 이젤 등 미술용품들이 늘어난 모습.)

방 한가운데서 수첩을 들고 서성거리며 일기를 읽고 있는 서윤.

골똘히 생각하는 모습.

'7월 19일 토요일. 재원이와 '이모네'에서 분식을 먹음.

무엇을 먹었는지 최대한 떠올려 볼 것! 정답은 다음 장에!'

어제의 서윤이 오늘의 서윤을 위해

작은 수첩에 직접 적어놓은 문제다.

침대에 쓰러지듯 누우며 골똘히 고민하는 서윤.

안개가 낀 듯한 머릿속을 최대한 헤집어 보는데,

역시 쉽지 않다.

시내　　　│ 낮

거리 곳곳에 불꽃놀이 일정이 적힌 현수막,

입간판 등 홍보물들이 보인다.

함께 시내를 걷다 우연히 학교 친구들과 마주치는 재원과 서윤.

재원과 가벼운 인사를 나누는 친구들(남학생 1명, 여학생 2명).

흘끗 서윤을 한번 바라보고는 눈치를 살피다

그냥 자리를 피하려는데….

서윤　　　(조금 어색한) 안녕, 잘 가.

먼저 인사를 건네는 서윤.

인사를 해도 받아주지 않던 서윤이 먼저 인사하자

놀라는 친구들. 재원 역시 놀란 눈치다.

학교 친구들　　응, 안녕.

서윤　　　(다소 긴장된) 학교에서 봐.

서윤의 용기에 밝은 인사로 화답해 주는 친구들.

서윤의 얼굴이 환해진다. 덩달아 함께 기분이 좋아 보이는 재원.

시내 (다른 장소) | 낮

직접 만든 물고기, 조개 모양의 키링을

각자의 가방에 다는 재원, 서윤.

커플템이 생겨 기분이 좋은 두 사람. 기분 좋게 걸어가면,

대롱대롱 커플 키링이 흔들린다.

재원 방 | 밤

서윤이가 선물해 준 남자(재원) 모양 유리 장식을 가지고 놀며,

장난치고 있는 재원.

표정이 밝다.

S#66   서윤 방 | 낮

8월 17일 일요일. 서윤의 휴대폰 캘린더에 표시되어 있는

오늘의 일정. **'불꽃놀이 축제'**

들떠 보이는 서윤, 방 안을 서성이며

괜히 캘린더 속 일정을 계속해서 들여다본다.

고개 들어 보면, 앞에 걸려 있는 화사한 원피스 한 벌.

그 옆에 붙어 있는, 어제의 서윤이 적어놓은 메모지.

'오늘의 내 몫까지 재밌게 놀다 와!'

이내 휴대폰 갤러리에 있는 사진으로 재원의 얼굴을 확인하는 서윤.

어쩐지 가슴이 살짝 뛰기 시작한다.

불꽃놀이 축제장 앞 | 해 질 녘

상가들이 늘어선 끝 쪽, 불꽃놀이 축제 지등이 달려 있고,

곳곳엔 불꽃놀이 축제 광고 입간판들이 놓여 있다.

푸드트럭들이 늘어서 있는, 이미 사람들로 붐비는 축제장 초입.

많은 인파가 한 방향을 향하고 있다.

많은 인파 사이, 원피스를 차려입은 서윤이 긴장된 표정으로 서 있다.

수많은 낯선 인파에 저도 모르게 몸이 굳는 서윤.

그때 조심스럽게 서윤에게 다가오는 한 사람, 재원이다.

역시 평소와 달리 꽤 신경 쓰고 나온 듯한 차림새의 재원.

재원을 보자, 긴장이 조금 풀리는 서윤.

| 재원 | 안녕? |
| 서윤 | 아…. 안녕, 김재원. |

서윤에게는 오늘 처음 만난 남자아이,
어색하면서도 반가운 인사를 나눈다.

| 재원 | 예쁘다. |

재원의 말에 괜히 부끄러운 듯 웃는 서윤.

| 지민 | 서윤아! |
| 태훈 | 김재원! |

재원과 서윤 돌아보면,
저 멀리 두 사람에게로 다가오는 지민과 태훈의 모습이 보인다.
반갑게 손을 흔드는 지민을 따라 역시 손을 흔들어 보이는 서윤.
서윤의 얼굴이 밝다.

S#68 **불꽃놀이 축제장** | 저녁

줄지어 늘어선 푸드트럭들을 구경하며 걸어가는 네 사람.

다코야키 푸드트럭 앞
다코야키를 사서 받아 드는 서윤. 나눠 먹는 재원, 서윤, 지민, 태훈.

분식 푸드트럭 앞

떡볶이, 어묵 등을 먹고 있는 재원, 서윤, 지민, 태훈.

즐거워하는 네 사람.

S#69   불꽃놀이 축제장 | 저녁

푸드트럭들이 늘어선 거리의 끝자락.

즐겁게 걸어오는 재원, 서윤, 지민, 태훈.

재원	(신난) 시작하려면 아직 시간 있는데 이제 어디 갈까? 저 쪽으로 가볼까?
태훈	좋지!

눈치 없이 좋다고 따라가는 태훈의 옷자락을 잡는 지민.

태훈	(짜증) 아! 왜!!!
지민	아이스크림 먹을래?
태훈	(바로 두 눈을 반짝이며 좋아하는) 아이스크림?! 좋아!

곧장 태훈을 어디론가 끌고 가는 지민.

슬쩍 눈짓으로 재원에게 신호를 보내는 지민,

이를 눈치챈 재원이 머쓱하게 웃는다.

태훈	네가 쏘는 거지?

아무것도 모르고 지민과 태훈의 뒤를 따라가려는

서윤을 붙잡는 재원.

서윤	?
재원	우린 저쪽으로 가볼까?
서윤	(살짝 당황) 어? 응….

S#70   불꽃놀이 축제장   / 바다 | 저녁

바닷가에 정박해 있는 이벤트 크루즈 앞.

사람들이 크루즈에 탑승하고 있다.

사람들 사이, 탑승하는 재원과 서윤.

탑승을 끝낸 배가 바다로 나간다.

S#71   불꽃놀이 축제장   / 바다 | 밤

불빛이 일렁이는 바다의 크루즈 위.

2층 갑판 가장자리 쪽으로 자리를 잡는 재원과 서윤.

밤공기가 상쾌한 여름밤,

하늘엔 불꽃놀이가 펼쳐지기 시작하고….

형형색색의 불꽃들이 까만 밤하늘을 수놓는다.

이를 바라보는 두 사람의 얼굴에도 다채로운 빛이 물든다.

그렇게 한참을 멍하니…, 말없이 불꽃놀이를 올려다보는 두 사람.

서윤의 손을 조심스럽게 잡는 재원. 바라보는 서윤.

마주 보는 두 사람.

다시 하늘의 불꽃을 바라보는 서윤과 재원.

아름다운 불꽃이 이어지는데….

서윤   잊어버리기 싫어….

자기도 모르게 흘러나온 말과 함께 눈가가 촉촉해지는 서윤.

| 재원 | (당황하지 않고 다정한 목소리로) 잊지 않을 거야.
| 서윤 | (뒤늦게 아차 싶은) 나도 잊지 않을 거야….

서윤의 얼굴에 눈물이 흐르고,
따뜻하게 서윤의 눈물을 닦아주는 재원.

| 재원 | 어떤 기억도 완전히 사라지는 건 아니니까. 난 그렇게
믿어.

모든 걸 아는 것처럼 자신을 위로하는 재원을 바라보는 서윤.

| 서윤 | 나…, (잠시) 세 번째 조건을 어긴 것 같아.
| 재원 | 난 이미 어긴 지 오래야.

하늘에선 불꽃놀이의 하이라이트가 펼쳐지고….
조심스럽게 서윤에게 입을 맞추는 재원.
밤하늘의 불꽃처럼 주체할 수 없이 터져 물드는
서로의 마음을 확인한다.

S#72 서윤 방 | 아침

커튼 사이로 햇살이 따사롭게 비친다.

(커튼과 침구가 바뀌어 있다.)

서윤의 방 안에는 전보다 눈에 띄게 퀄리티가 좋아진

크로키 그림들이 늘어 있고….

초록의 언덕 그림, 파란 바다 그림도

전보다 더 아름답게 색칠되어 있다.

옷장에는 긴팔 옷들이 보이고,

항상 걸려 있던 교복은 이제 춘추복이다.

책상 위엔 늘어난 필기구들과 미술용품들,

컴퓨터 모니터가 있던 자리엔 노트북이 올려져 있다.

그 외에는 여전히 똑같은 모습으로 흘러가는 서윤의 아침.

알람 소리에 잠에서 깬 서윤,

역시 묘한 이질감을 느끼며 자리에서 일어난다.

익숙하면서도 어딘가 낯설기만 한 자신의 방 안을 둘러보는 서윤.

그 순간, 어딘가에 고정되는 서윤의 시선.

그대로 굳어버린 듯 멈춘다.

'저는 사고로 기억장애를 갖고 있어요.

책상 위에 있는 노트북을 확인하세요.'

침대 옆 협탁 위에 놓인 메모. 서윤의 얼굴에 혼란스러움이 깃든다.

책상으로 시선을 돌리는 서윤,

침대에서 일어나 책상을 향해 걸어간다.

걸어가는 서윤의 옆으로 방 곳곳에 프린트된 메모들이 붙어 있다.

책상에 앉아 노트북을 열고 메모들을 읽는 서윤.

S#73　　　**버스정류장**　　　/ 버스 안 | 아침

버스에 올라타는 서윤.

버스에는 이미 많은 학생이 춘추복을 입고 있다.

적당한 곳에 자리 잡는 서윤. 버스 출발한다.

S#74　　　**학교**　　　/ 2-2반 교실 | 낮

수업 시간, 춘추복을 입은 학생들이 앉아서 공부하고 있다.

비어 있는 동식의 옆자리. 빈자리를 보는 동식.

교실 안 그 어디에도 재원의 모습은 보이지 않는다.

쉬는 시간. 아이들이 삼삼오오 모여 왁자지껄 떠들어댄다.

그 사이, 지민이랑만 웃으며 대화하는 서윤.

함께 하교 중인 서윤, 지민, 태훈.

서윤이가 재원이와 늘 함께 걸었던 하굣길을 셋이서 걸어간다.

그저 특별할 것 없는, 자연스러워 보이는 세 사람의 하굣길.

태훈	고3까지 얼마 안 남았네.
지민	그러게.
태훈	이제 놀러 다니는 것도 힘들겠지?
지민	아마도?
서윤	또 놀러 갔으면 좋겠다. 우리 아쿠아리움이랑 불꽃놀이 축제도 갔었잖아.
태훈	어…. 그치.

아쿠아리움, 불꽃놀이 축제라는 말에

약간 어색한 표정이 되는 지민과 태훈.

| 서윤 | 우리, 집에 가는 길에 떡볶이 먹고 갈래? |

지민, 태훈   어…. 그래.

걸어가는 세 사람의 뒷모습.

서윤과 지민이 메고 있는 가방에는 재원과 서윤이 나눠 가졌던 키

링이 매달려 있다.

신나게 앞으로 걸어 나가는 서윤. 이내 뒤돌아 지민, 태훈 쪽을 보며.

서윤   빨리 와.

서윤을 뒤따라가는 지민에서, 과거로 전환되며.

과거. S#49. 아쿠아리움 안　　　| 낮

자신을 부르는 서윤의 목소리에

재원, 서윤, 태훈 쪽으로 합류하는 지민.

지민   근데 펭귄은 왜 보고 싶어?
서윤   귀엽잖아. 아장아장.
태훈   펭귄은 뒤뚱뒤뚱 아니냐?
재원   펭귄 꼭 보면 좋겠다. 저쪽으로 가보자!

S#77　　　**서윤 방**　　| **저녁 (과거)**

방 안 소파에 앉아 아쿠아리움에서 찍은 동영상 속 물고기와

재원의 모습을 보고 있는 서윤. 행복한 함박웃음.

바닷가 공원 | 낮 (과거)

러닝 중인 지민. 그때, 울리는 지민의 휴대폰.

멈춰 서서 보면, '김재원'에게서 온 전화다.

재원의 전화에 옅은 미소가 번지는 지민의 얼굴. 이내 전화를 받는다.

재원(E)   여보세요?

지민   (장난스럽게) 뭐야, 불안하게? 너 무슨 일 있을 때만 나한
테 전화하잖아.

재원(E)   잠깐 시간 좀 내줄 수 있어?

가라앉은 재원의 목소리에 지민의 표정이 금세 심각해진다.

지민   무슨 일 있어?

재원(E)   만나서 얘기할게. 그리고 서윤이한테는…, 비밀로 해줬
으면 좋겠는데.

무언가 심상치 않은 분위기를 감지하는 지민.

바닷가가 보이는 카페 | 낮 (과거)

통창 앞 테이블에 앉아서 기다리고 있는 재원.

지민이 들어와서 맞은편에 앉는다.

| 지민 | 무슨 일이야? |

지민   무슨 일이야?

재원   너한테 부탁하고 싶은 게 있어서.

지민   뭔데?

재원   음…. 이걸 어떻게 얘기하는 게 괜찮을지…,

고민 많이 했는데.

지민   뭔데 그래? 괜찮으니까 얘기해 봐.

재원   (최대한 덤덤한 척) 나…, 태어났을 때부터 심장이

안 좋았어.

그래서 꾸준히 검사를 받아왔었는데,

최근 들어 갑자기 안 좋아진 모양이야.

지민   (놀란) ….

당혹감에 어떤 말도 할 수 없는 지민.

재원   엄마도 심장이 안 좋아서 돌아가셨거든.
지민   유전인 거야?
재원   (조용히 끄덕) 아마도.

내내 태연하게 말을 이어가던 재원이 잠시 멈칫한다.

재원   그래서 혹시나…. (잠시) 미리 부탁해 두는 게 좋을 것 같
       아서.

오히려 덤덤한 재원의 목소리에 더욱 가슴이 서늘해지는 지민.

지민   이상한 소리 할 거면 하지 마.

지민, 온몸을 감싸고 도는 불길한 감정을 떨치려
애써 재원의 말을 밀어낸다.
재원을 바라보는 지민의 표정이 어쩐지 쓸쓸해 보인다.
무어라 말을 하려다가…, 결국 입을 꾹 닫는 지민.

재원   내일의 서윤이도 내가 즐겁게 해주겠다고 그렇게 얘기
       했는데….
지민   ….
재원   시간이 얼마나 있을지 모르겠어. 갑자기 쓰러질 수도 있
       으니까.

그치만 나는 그때까지…, 매일 서윤이를 즐겁게 해주고
싶어.
매일, 같이 웃고 싶어. 그러니까 니가 나를 좀 도와주라.

전에 본 적 없는, 금방이라도 울 것 같은 얼굴의 지민.

지민이 계속해서 입을 다물고 있자 그런 지민을 달래려는 듯,

재원   이상한 소리 해서 미안, 그러니까 표정 좀 풀어.

한참을 입을 다물고 있던 지민이 용기 내어 말을 꺼낸다.

지민   괜찮을 거야. 아무 일도 없을 거야.

확신 없는 지민의 말에도 재원은 따뜻한 미소를 지어 보인다.

S#80   **서윤 집**   **/ 현관 | 낮 (현재)**

주말을 맞아 외출하려는 듯 현관에서 운동화를 꺼내 신는 서윤.
서윤의 귀에 이어폰이 꽂혀 있고,
예전 재원이 좋아하던 노래가 흘러나온다.
풀려 있는 운동화 끈을 자연스럽게 동여매는데….
재원이 묶어주던 그 방식 그대로다.
집을 나서는 서윤.

156

식사와 음료를 겸하는 브런치 카페 안.

마주 앉아서 밥을 먹고 있는 서윤과 지민.

서윤　　(새삼스러운 듯) 눈 깜짝할 새에 고3이네.

(장난스럽게) 뭐, 나한텐 언제나 눈 깜짝할 새지만.

지민　　그 말, 벌써 세 번째거든요?

서윤　　너는 대학생 되고 난 계속 고등학생일 건데…. 아~ 너 대

학 가면 난 누구랑 놀지?

지민　　너도 가면 되지. 미대 준비해 보면 어때?

서윤　　나도 대학 갈 수 있을까? 흠…. 요즘 엄청 그리고 있긴 한

데….

옆에 가방에서 크로키 북을 꺼내는 서윤,

크로키 북을 열어서 그림들을 보다가.

서윤　　너 혹시 이 사람 누군지 알아?

지민에게 그림을 보여주는 서윤. 보면, 재원을 그린 그림.

그림에서 눈을 떼지 못하는 지민.

기대에 찬 눈으로 지민을 보는 서윤.

서윤　　봐봐. 누군지 알아?

크로키 북을 한 장씩 넘겨 보며 갸우뚱하는 서윤.

서윤   이상하게 자꾸 그리게 되네.

지민이 크로키 북을 가져와 넘겨 보는데,
뒤에도 재원을 그린 그림이 빼곡하다.
놀라는 지민, 서윤을 본다.

서윤   모르겠어? 누굴까…. 내가 이런 말 하면 웃기지만 뭔
       가…, 익숙한 느낌이 들어.

지민	(당황) 어…, 어…. 스터디 카페에서 몇 번 본 거 같애. 아
	닌가?
서윤	(갸우뚱하지만 맞겠지 싶어) 아~.
지민	….

대수롭지 않게 넘어가는 상황. 하지만 지민은 마음이 불편하다.

S#82   학교   / 교문 앞 | 해 질 녘 (과거)

방과 후 늘 만났던 그곳에서 재원을 기다리며 서 있는 서윤.

그러나 자세를 바꿔가며 아무리 기다려 봐도

재원의 모습은 보이지 않는다.

CUT TO. 1시간 후

여전히 재원의 모습은 보이지 않는다.

휴대폰으로 재원에 대한 메모를 읽으면서 기다리는 서윤.

그러다 재원에게 전화를 거는 서윤.

'고객님이 전화를 받지 않아 음성 사서함으로….'

그러나 응답 없는 전화에 서윤의 얼굴에도 그림자가 지기 시작한다.

S#83   동네 하천 길 | 밤 (과거)

집으로 가는 길. 시무룩한 표정으로 걸어오는 서윤.

그때, 고요한 정적을 깨뜨리며 울리는 전화벨 소리.

서윤의 얼굴에 금방 화색이 돈다.

그러나 발신자를 확인한 서윤의 낯빛이 다시 어두워지고….

서윤   (걸으며 전화받고) 응, 지민아.

서서히 걸음을 멈춘다.

한동안 가만히, 말없이 휴대폰을 들고 있는 서윤.

이내 서윤의 표정이 차갑게 식기 시작한다.

S#84   장례식장   / 분향실 | 밤 (과거)

떨리는 손으로 국화꽃 한 송이를

재원의 영정 사진 앞에 놓아주는 지민.

그 옆에 선 태훈은 북받쳐 오르는 울음을 참지 못하고

서러운 눈물을 쏟아낸다.

그리고 애써 꿋꿋하게 상주로서

자리를 지키고 있는 상현.

겨우 상현의 앞으로 발걸음을 옮긴 지민과 태훈은

차마 아무런 말도 하지 못하고….

그저 고개를 푹 숙인다.

그런 두 사람의 어깨를 힘없이 토닥여 주는 상현.

| 상현 | 와줘서 고맙다. |

그리고 그들과 조금 떨어진 곳….
차마 더 이상 가까이 가지 못하고 서 있는 서윤의 모습이 보인다.
자신도 모르게 눈물이 툭 하고 떨어진다.

서윤에게는 만난 적 없는 낯선 남자아이의 영정 사진.
오늘 아침 일기를 통해 처음으로 알게 된 재원이지만,
어쩐지 가슴이 찢어지는 것 같은 아픔에
서윤의 얼굴이 일그러진다.
사람들이 지나가는 사이, 혼자만 덩그러니 멈춰 서 있는 서윤.

S#85   서윤 방 | 낮 (과거)

커튼을 친 채 불도 켜지 않은 방 안 침대 위에서
창문을 등지고 웅크리고 누워 있는 서윤.
방문 열리는 소리 들린다.
조심스럽게 방으로 들어와 그 모습을 마주한 지민의 심장이,
재원의 영정 사진을 마주했을 때처럼 쿵 떨어지는 것 같다.

| 지민 | 나 왔어…. |

침대로 다가와 조심스럽게 옆에 앉는 지민.
아주 천천히, 겨우 몸을 일으키는 서윤.

CUT TO.

침대에 나란히 걸터앉은 서윤과 지민.

말없이 앉아 있다가 이내.

서윤   이상하지…. 나한텐 본 적도 없는, 모르는 아이인데 어째

         서….

         저도 모르게 눈물이 흐르는데….

         결국 눈물을 주체하지 못하고 고통스러워하는 서윤.

         하염없이 흐르는 눈물을 작은 손으로 겨우 틀어막는다.

지민   (혼잣말처럼 작은 소리로) 이상하지 않아. 너희는….

가슴이 아파 차마 말을 잇지 못하고 잠시 숨을 고르는 지민.

결국 그저 말없이 조용히 흐느끼는 서윤을 꼭 안아준다.

S#86 **지민 방** | 밤 (과거)

새벽 3시. 책상 앞에 앉은 채 깊은 생각에 빠져 있는 지민.

FB. S#79. 바닷가가 보이는 카페 | 낮

S#79에 이어서,

재원   혹시 내가 죽게 되면 서윤이의 일기에서
      날 지워줘.

지민   …!

지민을 보며 미소 짓는 재원의 모습.

FB. S#85. 서윤 방 | 낮

재원이 없는 세상에 덩그러니 남겨진 서윤….

눈물 흘리며 괴로워하는 서윤의 모습.

다시 지민, 재원의 부탁과 힘들어하는 서윤을 떠올리며 괴로워한다.

새벽까지 잠에 들지 못하고 뜬눈으로 밤을 지새운다.

S#87　　　**학교**　　　/ 교정 벤치 | 낮 (과거)

한적한 교정, 구석진 벤치에 나란히 앉아 있는 지민과 태훈.

두 사람의 얼굴엔 짙은 그림자가 져 있고….

한동안 불편한 침묵이 흐른다.

태훈　　재원이도 알고 있었고…. 나만 몰랐던 거네.

지민　　서윤이의 병이 알려지는 건 위험한 일이야. 그래서,

얼굴을 감싸 쥐고 고개를 푹 숙이는 태훈.

지민, 그런 태훈을 보며 잠시 고민하다…, 결국 입을 다문다.

지민　　(자리에서 일어서며) 다른 사람들한텐 앞으로도 비밀이야.

그리고…, 서윤이 앞에선 재원이 얘기 꺼내지 말아줘. 부
탁할게.

이내 황급히 자리를 뜨는 지민.

말을 잃은 태훈은 그저 그 자리에 굳은 듯 멈춰 있다.

S#88   지민의 일기 수정 몽타주 1 (과거)

서윤 집   / 인근 골목길 | 낮

서윤의 집을 향해 걸어가는 지민.

(가방에는 노트북, 외장하드 등이 들어 있다.)

서윤 집   / 현관 앞 | 낮

문 앞에 서 있는 지민.

서윤 엄마가 문을 열어주면 안으로 들어간다.

서윤 집   / 거실 | 낮

서윤 엄마, 서윤 아빠 앞에 앉아서 얘기를 하고 있는 지민.

놀란 듯, 서윤 엄마는 눈물을 흘리고,

서윤 아빠는 어두운 표정으로 얘기를 듣고 있다.

서윤 방 앞 계단-서윤 방 | 낮

계단을 올라, 방문을 여는 지민. 천천히 둘러본다.

벽에 붙은 포스트잇들, 메모들….

책상에 앉아 서윤의 컴퓨터를 확인하는 지민.

바탕화면의 일기 폴더를 클릭한다.

챙겨 간 외장하드에 데이터를 복사하기 시작한다.

더 이상의 머뭇거림 없이…,

그저 꿋꿋하게 할 일을 해나가는 지민.

지민 방　　　|밤

방으로 들어오는 지민. 가방에서 새로운 노트북을 꺼낸다.

외장하드에 담아 온 데이터를 새로운 노트북으로 옮긴다.

파일 속 서윤의 일기를 보며 망설이듯 멈칫하지만,

이내 서윤의 일기를 수정하기 시작한다.

재원의 이름을 지워나간다.

S#89　　사라지는 재원과 서윤의 추억 몽타주 (과거)

두 사람이 함께한 순간순간들 속에서 연기처럼

사라지는 재원의 모습이 이어진다.

S#9. 학교　　　/ 2-2반 교실 | 오후

교실에 앉아 있는 재원과 서윤. 사라지는 재원.

혼자 앉아 있는 서윤.

S#10. 학교　　　/ 교문 앞 | 오후

교문 앞에서 셀카 찍고 있는 재원과 서윤.

셀카 찍고 있는 휴대폰 화면에서 사라지는 재원.

혼자서 셀카 찍고 있는 서윤.

S#12. 도로　　　　/ 버스 안 | 오후

버스에 나란히 앉아 있는 재원과 서윤.

서윤은 창밖을 보고, 재원은 그런 서윤을 힐끗 보고 있다.

사라지는 재원. 혼자 앉아 창밖을 보고 있는 서윤.

S#49. 아쿠아리움 안　　　　 | 낮

수조 터널을 지나며 물고기를 보는 네 사람.

서윤과 지민이 꼭 붙어 있고,

뒤에 재원과 태훈도 구경하며 뒤따라온다.

사라지는 재원.

서윤과 지민, 뒤에 태훈만 구경하며 걸어오고 있다.

S#35. 바닷가 언덕　　　　 | 낮

돗자리에 앉아 바다를 보고 있는 재원과 서윤.

사라지는 재원. 혼자 앉아 바다를 보고 있는 서윤.

S#30. 스터디 카페　　　　 | 오후

수학 문제집을 풀고 있는 재원과 수학 교과서 귀퉁이에

끄적끄적 낙서하고 있는 서윤.

사라지는 재원. 혼자 앉아서 교과서에 낙서하고 있는 서윤.

S#63. 바닷가 길 | 낮

슬러시 음료를 먹으며 앉아 있는 재원과 서윤.

사라지는 재원. 혼자 앉아 있는 서윤.

S#50. 바닷가 | 낮

서윤의 장난에 웃으며 고개를 돌려 물을 피하는 재원.

물장난치는 재원의 웃는 얼굴.

사라지는 재원. 바다만 남는다.

S#71. 불꽃놀이 축제장 / 바다 | 밤

하늘을 수놓는 불꽃을 보고 있는 재원과 서윤.

사라지는 재원. 혼자 불꽃을 보고 있는 서윤.

S#90   지민의 일기 수정 몽타주 2 (과거)

지민 방 | 밤

배 위에서 보던 불꽃놀이 일기에서 재원의 이름이 지워진다.

일기를 고치던 지민이 멈칫한다. 생각이 많아지는 얼굴.

이내 흐느끼는 듯, 움츠러들며 흔들리는 어깨.

서윤 집 / 거실 | 밤

수정된 일기가 담긴 노트북을 들고 서윤의 집을 찾아온 지민.

서윤 엄마와 서윤 아빠에게 인사하면,

서윤 엄마가 서윤의 휴대폰을 지민에게 준다.

서윤 방　　　| 밤

방으로 들어오는 지민.

책상 앞으로 다가와 새로운 노트북을 꺼내 올려둔다.

서윤의 수첩들을 챙기고, 놓인 유리 조각 장식

(선물 받은 여자 모형, 물고기, 조개 등)을 챙긴다.

창문에 걸려 있는 스테인드글라스 장식도 떼어낸다.

벽에 붙어 있는 포스트잇들과 메모들을 모두 떼어낸다.

재원의 모습을 그린 크로키들도 모두 떼어낸다.

빈자리에 새로운 메모를 다시 붙이는 지민.

모두 프린트된 글자들이 적혀 있다.

서윤 집 / 안방　　　　| 밤

자고 있는 서윤. 새로운 휴대폰을 몰래 옆에 두는 서윤 엄마.

서윤 방　　　　| 밤

마지막으로 침대 옆 협탁에 붙은 메모를 떼는 지민.

메모를 뗀 곳엔 그 전에 붙여놓은 작은 메모들이 있다.

그중 *‘김재원’* 단 세 글자가 적힌 메모지 한 장.

놀라는 지민, 뒤돌아 천천히 방을 둘러본다.

새로운 노트북과 메모들로 바뀐 서윤의 방.

다시 고개를 돌려 메모를 보는 지민.

메모지 하단에는 *‘도림종합병원’*이라는 글자가 박혀 있다.

FB. 대학병원　　　　/ 로비 | 낮

고등학교 1학년 겨울. 한 대학병원(도림종합병원).

교복을 입은 채 로비 의자에 앉아 있는 서윤.

심장내과라고 적힌 표지판 아래로 서윤과 같은

학교 교복을 입은 재원이 걸어온다.

앉아 있는 서윤의 옆쪽으로 와서 앉는 재원.

그런 재원을 보는 서윤. 명찰에 적힌 이름 ‘김재원’.

명찰을 보고 자신의 검사지(뇌 검사 관련) 위에 붙은

병원 메모지에 재원의 이름을 쓰는 서윤.

다시 재원을 보는 서윤. 서윤을 보는 재원. 눈이 마주친 두 사람.

한참을 보고 있는데, 그때 들리는 서윤 엄마의 목소리.

자신을 부르는 엄마의 목소리에

급한 대로 메모지를 주머니에 쑤셔 넣고는 발걸음을 옮긴다.

메모를 보고 생각에 잠기는 지민.

그런데 그 뒷면…, 서윤의 글씨체로 적혀 있는 무언가.

'김재원을 잊지 마'

예상치 못한 서윤의 글귀에 가슴이 철렁하는 지민.

그러나 이내 빠르게 메모지를 파일첩에 쑤셔 넣고는

서윤의 물건이 든 상자 뚜껑을 덮어버린다.

S#91 시간의 흐름 몽타주

서윤 방 | 아침 (가을)

창밖에서 햇살이 들어오고 있는, 바뀐 서윤의 방.

책상으로 걸어와 노트북의 수정된 일기를 읽는 서윤.

급식실 | 오후 (가을)

점심시간. 배식을 받고 있는 서윤, 지민.

뒤에서 배식 받던 태훈이 둘을 발견한다.

서윤과 지민이 앉은 자리로 와서 지민의 옆에 앉는 태훈.

급식에서 나온 야쿠르트를 지민에게 건넨다.

그 모습을 보고 흐뭇하게 웃는 서윤. 서윤을 살피는 지민.

학교　　　/ 교실 | 오후 (가을)

청소 시간. 밀대로 교실 바닥 닦고 있는 서윤과 지민.

장난치면서, 청소하며, 웃는 두 사람.

브런치 카페　　　| 해 질 녘 (겨울)

커다란 트리가 보이고, 캐럴이 흘러나온다.

창밖에는 눈이 내리고 있다.

혼자 앉아 인스타그램에 사진과 글을 업로드하고 있는 지민.

하지만 집중이 되지 않는지 멈춘다.

마음이 괴로운 듯, 고개를 푹 숙인다.

서윤 방　　　| 밤 (겨울)

일기를 쓰고 있는 서윤. 창밖엔 눈이 내리고 있다.

원래 유리 조각들이 있던 자리엔 서윤이 그린 바다 그림 크로키가

놓여 있다.

지민 방　　　| 밤 (봄)

책상 위에, 예전 시내에서 4명이 함께 찍은 기념사진이 놓여 있다.

(재원과 태훈이 펭귄 탈을 쓰고 있고, 그 옆에서 활짝 웃고 있는 서윤과 지민.)

사진을 보면서 눈물을 흘리는 지민.

침대 아래, 서윤의 물건을 담은 상자가 놓여 있다.

S#92　　　　**서윤 방**　　│ 아침

알람 소리에 잠에서 깨는 서윤. 알람을 끄고 몸을 일으킨다.

시원하게 기지개를 켜는 서윤의 얼굴이 개운해 보인다.

S#93　　　　**서윤 집**　　/ 주방 │ 아침

함께 모여 아침 식사 중인 서윤 가족.

서윤의 엄마와 아빠는 자연스럽게 서윤의 상태를 살핀다.

서윤 아빠	엄마, 아빠한테 물어보고 싶은 건 없어?
	이해가 안 간다거나 궁금한 게 있으면 뭐든.
서윤	다 꼼꼼하게 읽어봤어. 정리가 잘 되어 있던데.
서윤 엄마	최근에 네가 잠을 별로 못 잤거든. 몸은 어때? 피곤하진 않아?
서윤	아냐, 그래도 어젠 금방 잠들었어.
서윤 엄마	다행이네…. (잠시) ?
서윤 아빠	(서윤을 보는) ?

뒤늦게 뭔가 이상하다는 것을 깨닫는 서윤의 부모님.

서윤 역시, 아침부터 얼핏 들었던 이상한 느낌의 정체를 깨닫는다.

 대학병원   / 진료실 안 | 낮

부모님과 함께 담당의를 찾아온 서윤.
심각한 표정의 의사가 서윤의 뇌 MRI 사진을 유심히 관찰하고 있다.
잔뜩 긴장한 표정의 부모님.

의사   사진상으로는 변화가 보이지 않는데….
지금 당장 의학적으로 설명할 순 없지만
그래도 증상이 완화되고 있다는 건 분명 좋은 신호예요.
(서윤에게) 그동안 고생 많았어요.

눈물을 훔치며 감격하는 부모님.
그런데 서윤의 반응은 어쩐지 덤덤하기만 하다.

의사   이미지도 괜찮고, 또는 그게 감정이라도 좋으니
뭐든 떠오르는 게 있다면 그걸 깊게 파고들어 보세요.

의사의 말에 무언가 떠오르는 게 있는 듯한 서윤.

S#95   **학교**   / 복도 | 낮

점심시간. 복도 한편에서 서윤과 전화 통화를 하고 있는 지민.

지민   진료 끝났어? 병원에서 뭐래?

176

서윤(E)	증상이 회복되고 있대.
지민	정말? 잘됐다. 다른 얘긴 없으셨어? 어어⋯.

서윤의 말을 계속 들으며 통화하는 지민. 안도와 기쁨의 미소.

S#96   지민 방 | 밤

침대 아래 서윤의 물건이 든 상자를 꺼내는 지민.

상자를 열어보면 메모들, 수첩들, 외장하드,

재원을 그린 크로키들,

유리 조각들, 휴대폰 등 서윤의 물건이 보인다.

그중 서윤이 그린 재원의 얼굴 크로키를 꺼내 본다.

한참을 보다가, 무릎 사이로 고개를 푹 숙이는 지민.

늘 당당했던 지민의 어깨가 잔뜩 움츠러든 채 떨리고 있다.

S#97   도로   / 택시 안 | 오후

달리는 택시 안, 뒷자리에 앉아 있는 지민.

옆자리엔 서윤의 물건을 담은 상자가 놓여 있다.

창밖을 보며 떨리는 마음을 애써 참아보지만,

괴로움에 눈을 질끈 감는다.

S#98　　　　　**서윤 집**　　　/ 현관 앞 | 오후

택시에서 내리는 지민. 곧 택시가 떠난다.

현관을 바라보며 잠시 서 있는 지민.

용기를 낸 듯, 현관 앞으로 다가간다.

초인종을 누르고 기다리는 지민. 이내 현관문을 여는 서윤.

지민이 어쩐지 잔뜩 굳은 표정으로

서윤을 바라보며 서 있다.

S#99　　　　　**서윤 집**　　　/ 계단 | 오후

간식거리가 든 쟁반을 들고 계단을 오르는 서윤.

뒤에서 계단을 따라 오르는 무거운 표정의 지민.

서윤　　　요 며칠 동안 기억이 리셋되는 증상은 사라진 것 같은데….
　　　　　그래도 아직 사고 이후의 기억이 하나도 안 나.

지민　　　(시선을 떨군 채) 계속 좋아질 거야….

서윤　　　뭔가…, 정작 중요한 건 여전히 잊고 있는 것 같아.

지민　　　(서윤을 보는)

서윤　　　(애써 밝게) 좋아지겠지?

지민　　　….

 서윤 방　│ 오후

간식거리를 든 채, 문을 열고 방으로 들어서는 서윤과 지민.

서윤의 뒤를 따르던 지민이 이내 멈칫한다.

오후 햇살에 물든 서윤의 방 안.

서윤만 볼 수 있었던,

환하게 웃는 재원의 얼굴 그림들이 방 안 여기저기에 붙어 있다.

당황한 듯한 지민의 반응에 괜히 머쓱해하는 서윤.

서윤　여전히 누군지 기억은 안 나는데, 계속 그리다 보면 생각이 날까 싶어서.

놀라고 당황스러운 지민, 눈물이 맺혀, 이내 볼을 타고 흐른다.

CUT TO.

침대에 나란히 앉아 있는 서윤과 지민.

가운데 놓아둔 상자에서 파일첩을 꺼내 서윤에게 건네는 지민.

서윤이 받고, 상자를 보면 서윤이 기존에 쓰던 물건들이 들어 있다.

고개를 들지 못하는 지민.

서윤, 그런 지민의 모습을 보며 차분해지고….

조심스럽게 파일첩을 열어보는데….

맨 첫 장…, 재원의 이름이 적힌 메모지가 눈에 들어온다.

'김재원'

그 메모지를 슬며시 들어보는 서윤.

메모지 뒷면에 쓰여 있는 글귀를 발견한다.

'김재원을 잊지 마'

무언가 가슴은 아려오는데…, 머릿속은 여전히 흐리기만 한 서윤.

서윤　(파일첩을 넘겨 보며) 이게 뭐야?

더 이상 말을 잇지 못하는 서윤.

지민　미안해….

미안한 마음에 눈물을 흘리는 지민.
다시 메모를 보며 생각에 잠기는 서윤.

S#101　재원이와 관련된 기록들을 확인하는 서윤 몽타주

서윤 방　| 밤
책상 위에 놓여 있는 물건들. 메모들과 수첩들,
스테인드글라스 모형들.
메모들 확인하다가 자신이 그린
재원의 크로키를 한참 동안 보고 있는 서윤.

CUT TO.
노트북 모니터 화면에 보이는 예전 서윤의 일기들.
책상에 앉아 지민이 건네준 외장하드를 꽂고,

노트북으로 일기를 읽고 또 읽는 서윤.

전에 사용했던 휴대폰을 들고 전원을 켜는 서윤.

갤러리를 확인해 보는데….

재원을 찍은 사진과 영상이 가득하다.

Ins. 과거 재원의 모습들 컷, 컷

S#7. 학교　　　　/ 운동장 스탠드 | 낮

– 고백하던 날의 재원과 서윤의 모습을 담은 동영상.

재원　　　(다짜고짜) 너 나랑 사귈래?

서윤　　　그래. 좋아, 사귀자!

S#11. 학교 앞　　　　/ 버스정류장 | 오후 – 이후 상황

서윤　　　아이스크림 뭐 좋아해?

재원　　　음…, 메로나.

S#24. 코인 노래방　　 | 낮 (재원과 서윤의 방과 후 데이트 몽타주) – 상황 연결

노래 부르기 전, 노래 고르고 있는 재원.

S#53. 시내　　　　/ 광장 | 낮 – 상황 연결

펭귄 탈을 쓴 재원과 거울 셀카를 찍는 서윤,

탈을 벗으며 더워하는 재원에게 물을 건넨다.

S#60. 상현의 공방　　　　｜ 낮 – 상황 연결

스테인드글라스에 집중하고 있는 재원.

S#68. 불꽃놀이 축제장 (푸드트럭)　　　　｜ 저녁 – 상황 연결

서윤, 전면 캠으로 모두의 모습을 한 앵글 속에 담기 시작한다.

"브이!" 서윤의 말에 저마다 포즈를 취하는 아이들.

서윤이 피식 웃는다.

"동영상인데?" 흔들리는 카메라와 함께

아이들의 웃음소리가 커져간다.

서윤 방　　|새벽

어느새 날이 밝아오고….

침대에 등을 기댄 채 휴대폰을 보고 있는 서윤.

S#102　　상현의 공방　　|낮

공방을 정리(폐업)하기 위해 물건들을 치우고 있는 상현.

문이 열리고, 서윤이 들어온다.

서윤　　안녕하세요.

놀랐지만, 이내 그런 서윤을 미소로 반기는 상현.

CUT TO.

테이블에 마주 앉아 있는 서윤과 상현.

상현이 조그마한 상자와 아이패드를 서윤에게 내민다.

서윤　　?

상현　　이걸 주는 게 맞을지 계속 고민했는데…. 받아줬으면 좋

　　　　겠어.

　　　　그게 재원이가 원하던 거니까.

상현의 말에 조심스럽게 상자를 열어보는 서윤.

상자 안에는 예전에 서윤이 재원에게

선물했던 남자(재원) 모양의 장식이 들어 있다.

순간, 왜인지 모르게 왈칵 눈물이 차오르는 서윤.

상현 재원이도 진심으론…, 자기 존재를 곁에 남기고 싶었을
지도 모르겠다.

서윤 (당황한 채 황급히 눈물을 닦아내며) 죄송해요.

상현 (말없이 보는)

서윤 웃기죠? 기억도 못 하면서….

상현 누구나 시간이 흐르면 머릿속 기억은 희미해져.
그래도 마음속에 남은 건 변하지 않더라고.

상현을 보며, 아파지는 가슴에 자기도 모르게 눈물을 흘리는 서윤.

S#103 언덕 | 낮

돗자리를 펴고 재원과 함께했던 그곳에서,

바다를 바라보며 앉아 있는 서윤.

상현에게 받은 재원의 아이패드로 사진첩과 동영상을 본다.

재원과 서윤이 만나기 전, 저 멀리서 다가오는 서윤,

헤어질 때 멀어지는 서윤의 뒷모습,

데이트 틈틈이 서윤의 모습을 기록했던 재원. 놀라는 서윤.

재원이 남기고 간 흔적을 보며 눈물이 멈추지 않는다.

S#104   **서윤 방** | 낮

어느새 다시 창가에 걸어둔 스테인드글라스 모형.

바다 풍경을 담은 그림 위에,

돌려받은 스테인드글라스 모형을 하나씩 올리며 풍경을 완성한다.

물고기, 조개, 운동화, 여자(서윤) 모형,

그리고 마지막으로 그 옆에 남자(재원) 모형을 올린다.

S#105   **바닷가** | 낮

또다시 함께 보러 오자는 약속은 지켜지지 못했지만

재원과 함께였던 곳에서 재원을 떠올리는 서윤.

바다를 바라보고 있다.

고개를 숙여 신발을 보는데, 신발 끈이 풀려 있다.

그때, 재원(과거)의 손이 들어와 신발 끈을 묶어준다.

고개를 들어 서윤을 보는 재원(과거).

재원을 바라보는 서윤(현재). 해맑게 웃어주는 재원(과거).

서윤(과거)의 손을 잡아끄는 재원(과거).

과거. 바다에서 물장난치며 즐거워하던 재원과 서윤의 모습.

그 모습을 슬픈 미소로 보고 있는 현재의 서윤.

서윤의 덤덤하면서도 따스한 음성이 내레이션으로 이어진다.

서윤(Na)   상처는 사라지지 않지만 아픔이 계속되는 것은 아니다.

모두가 조금씩 너를 잊어가는 거라면 난 조금씩 너를

기억해 내볼게.

그런 서윤을 따스한 미소로 바라보는 과거의 재원.

바닷가 풍경에서 S#104.

서윤 방에 있는 바다 풍경 그림으로

화면 전환되면, 그림 모래사장 위에 나란히 세워져 있는

재원과 서윤 모형의 스테인드글라스.

그 위로 흐르는 엔딩곡과 함께….

FIN.

너 나랑 사귈래?

난 너랑 노는 게 재밌거든.

그래서 앞으로도 달라지지 않았으면 좋겠어.

그러니까··, 내일의 너를 같이 속이자.

ginal 90's Spirit
93 STUDIO

내일의 너도
즐겁게 해줄게.

모두가 조금씩 너를 잊어가는 거라면

난 조금씩 너를 기억해 내볼게.

잊어버리기 싫어.
잊지 않을 거야.

나도 잊지 않을 거야.

잊어버리기 싫어.
잊지 않을 거야.

김재원을 잊지 마.

＊ 비하인드 스틸

너도 모르게 또
내일의 너도 조심게 해
내일의 내가 그 여름을, 풍경,
재웅이가 쉽게 풀리지 않는
앞으로도 잊지가
이번 감성은 가져도 되까?
"내일의 너도 조심게 해줄게."

등교는 7:50 까지
마을버스 8:12 / 8:17
등교시간 8:40

olden001

"핸드폰" 충전!
아침에 일어나면,
노트북 일기를 꼭 읽을것!

＊

기억을 기록하다

김혜영 감독
추영우 배우
신시아 배우
인터뷰

〈오늘 밤, 세계에서 이 사랑이 사라진다 해도〉는 어떤 영화인지 한 문장으로 소개 부탁드립니다.

〈오세이사〉는 매일 자고 일어나면 기억이 사라지는 기억장애를 가진 여학생과 그녀의 매일을 행복한 추억으로 가득 채워주고 싶은 남학생의 풋풋하고 애절한 사랑 이야기입니다.

처음 이 시나리오를 접했을 때 어떤 매력에 끌리셨나요?

우선 각 캐릭터가 가진 마음이 궁금했습니다. 자고 일어나 눈을 떴을 때 기억이 사라져 있다면 그 기분이 어떨까? 그걸 알면서도 사랑을 마다하지 않고 용기 내서 희망을 이야기하며 사랑을 이어 나가는 남학생이 등장한다는 설정도 굉장히 좋았고요.

저는 원작을 재미있게 읽었는데, 원작에서 '좋아하는 감정은 감각에 기인한 것이다'라는 문구가 마음에 들었습니다. 결국 '사랑이라는 감정을 감각이 기억하고 있다', 즉 '사랑은 머리만이 아니라 감각이 함께 기억하는 것이다’라는 부분이 매력적이었습니다.

일본 원작 〈오늘 밤, 세계에서 이 사랑이 사라진다 해도〉를 한국에서 영화화하게 된 소감은 어떠신가요?

원작 소설을 재밌게 읽어서 이 이야기가 굉장히 아름답고 슬프게 느껴졌습니다. 과연 이 감성을 한국적인 정서로 제대로 전달할 수 있을지 걱정이 되는 한편 설레기도 했습니다. 그래도 멜로 감성에 도전해 보고 싶었기 때문에 기꺼이 이 이야기에 동참했습니다.

원작 중 특히 인상 깊었던 장면이나 이번 영화에서 새롭게 표현하고 싶은 부분이 있었다면 무엇이었나요?

원작에서 도루라는 캐릭터가 가진 다정함이 가장 좋았어요. 그 캐릭터의 성격뿐 아니라 원작 전체에서 사려 깊음과 다정함 같은 감정이 잘 느껴졌습니다. 특히 몰래 자전거를 가져와서 논두렁에서 소리 지르며 타는 장면이 정말 인상 깊었어요. 얌전하고 평범한 캐릭터라 혼자라면 절대로 하지 않을 것 같은 행동을 둘이 함께 있으니 용기 내서 할 수 있는 게 사랑의 힘인 것 같았습니다. 그 장면을 읽으면서 눈으로 보고 있는 것 같고, 웃음소리가 귀에 들리는 것 같은 느낌이 들 만큼 생생해서 무척 좋았습니다.

사람은 결국 행복하기 위해 살아간다는 생각이 들어서, 인물들이 행복한 시간을 보내는 에피소드를 좀 더 많이 넣고 싶었습니다. 데이트하는 장면을 풍성하게 보여드리고 싶었습니다. 나중에 가슴 아픈 이별을 할 때 그 순간이 굉장히 행복했고 즐거웠기 때문에 도리어 기억을 잃기 싫고 놓치기 싫은 애절한 마음이 더 잘 드러날 것 같았습니다.

공간을 설정하실 때 가장 중요하게 생각했던 포인트는 무엇이었나요?

극 중 인물들이 고등학생이라 일반 학생들이 어디에 가서 즐거운 시간을 보내는지 많이 고민했습니다. 결국 거창하지 않을 것 같다는 생각에 이르렀어요. 별것 아닌 장소에서 별것 아닌 행동을 하지만 두 사람이 같이 있다는 것만으로도 그 장소가 굉장히 특별해지는 것이 아닌가 하는 생각이 들어서 우리가 주변에서 쉽게 접할 수 있는 장소들을 섭외했습니다.

여름이라는 계절감을 잘 담은, 풍광이 아름다운 영화로 만들고 싶어서 바다 마을로 장소를 설정했고, 자연 속에 있는 찬란한 청춘의 모습을 담고 싶었습니다. 평범하고 어쩌면 누추하기까지 한 장소처럼 보이지만 인물들이 그 자체로 예뻐 보이는 공간을 찾았습니다.

로케이션에 대해 좀 더 자세히 여쭤보자면 여수와 대전 위주로 촬영을 많이 하셨더라고요?

학교는 총 세 곳에서 촬영했어요. 복도와 교실은 대전, 교정은 광주, 교문은 정읍에서 촬영했습니다. 모두 한 학교로 보이기 위해서 스태프분들이 무던히 노력했습니다.

학교를 세 곳에서 찍은 이유는 미장센을 살리고 싶다는 욕심 때문이었어요. 지나치게 아름다운 장소보다는 평범하지만 인물에게 좀 더 집중할 수 있는, 배경으로서 존재하는 풍경을 살리고 싶었습니다. 너무 도드라지지 않고 너무 특징적이지도 않은, 편안하면서도 예쁜 장소들 위주로 찾으려고 했어요. 교정 장면을 촬영할 때는 미술팀과 소품팀에서 여러모로 세팅을 많이 신경 써주서서 예쁜 그림들을 담으려고 노력했습니다.

원작과 다르게 캐릭터 설정을 새롭게 하신 부분을 설명해 주신다면?

원작을 한국 작품으로 바꾸면서 제일 고민했던 부분이기도 한데요. 가장 중심이 되는 이야기가 남녀 주인공의 사랑이기 때문에 어린 고등학생들의 사랑 이야기에 좀 더 집중하고 싶었습니다. 그래서 원작에 나오는 아빠와 누나의 갈등 부분을 축소했고, 누나는 영화에 아예 등장하지 않습니다.

엄마의 부재 상황에서 아빠와 재원이 둘만 함께 살아가고, 나중에 재원이 죽음을 맞이했을 때 아빠 혼자 남게 되는, 남겨진 사람이라는 상징을 아빠를 통해 보여주고 싶었습니다.

원작 소설에서는 누나가 유명한 작가로 나와 나중에 일기를 수정하는 역할을 하는데, 저희는 서윤의 친구 지민이 그 역할을 맡습니다. 어쩌면 지민이라는 인물에게 무거운 마음의 짐을 얹어주기는 했죠. 그렇게 인물의 역할을 정리하면서 청춘의 사랑 이야기에 더 집중하려고 노력했습니다.

태훈 같은 경우 원작에서는 친구를 괴롭히다 나중에 반성하는 모습으로 가볍게 지나간 캐릭터라면, 저희는 청춘의 이야기를 담고 있는 만큼 사랑과 우정에 집중했기 때문에 태훈이도 이들과 함께 어우러져서 잠시 비뚤어졌던 마음을 다시 그 나이대에 맞는 순수함으로 회복해 가는 모습으로 그리고 싶었습니다. 그리고 재원이가 죽은 뒤 남겨진 서윤의 옆에 태훈이라는 인물도 같이 있어서 서로에게 힘이 되어주면 좋지 않을까, 한 명보다는 두 명이 낫지 않을까 하는 생각도 있었습니다.

캐릭터의 선이 달라진 점에 대해서도 설명 부탁드립니다.

재원이 캐릭터 같은 경우, 추영우 배우와 원작 간에 딱 한 가지 차이점이 있거든요. 바로 왜소하다는 점입니다. 물론 제가 추영우 배우에게 근육 운동을 하지 말고 달리기 위주의 유산소 운동을 해달라고 요청하기도 했고, 살이 쭉쭉 빠져서 나중에는 굉장히 마른 몸이 되기는 했습니다. 그런데 어쨌든 영화가 시작하는 시점에는 마른 몸이 아니었죠.

저는 원작에서 도루 캐릭터가 가진 외형적인 요소보다는 다정한 모습, 자기가 다정하다는 것조차 스스로 인지하지 못하는 그 다정함이 좋았습니다. 어린 나이에 이미 어떤 상황에 순응하고 살아가는 모습, 결국 어쩔 수 없다는 걸 미리 알아버린 쓸쓸한 이미지가 외형보다 더 중요하다고 생각했습니다.

한편으로는 서윤이라는 인물이 커다란 어려움을 겪으면서도 희망을 이야기하기 때문에 서윤이에게 든든한 남자친구, 멋있는 남자친구가 있으면 좋겠다는 희망 사항이 있어서 이미지를 바꿔 썼습니다. 추영우 배우가 가지고 있는 소년미와 뛰어난 연기력이 그 캐릭터에 너무 잘 어울리는 것 같아서 결과적으로 캐릭터에 변화를 준 것에 대해서는 굉장히 만족합니다.

로맨스 작품으로서 가장 중점을 둔 감정의 결이나 메시지가 있다면?

저는 원작에서 '좋아한다는 감정은 감각에 기인한 것이다'라는 문장이 정말 좋았습니다. 누군가가 좋아지고 사랑을 느끼더라도, 시간이 지나면 '내가 왜 이 친구를 좋아했더라?', '내가 이 친구의 어떤 점을 보고 사랑의 감정이 싹텄더라?' 같은 걸 잊어버리곤 하잖아요. 그런데 내 감각과 세포가 나의 추억과 사랑을 기억해 준다는 점이 굉장히 특별하게 느껴졌습니다.

저는 재원이와 서윤이 둘 다 평범한 생활과 평범한 사랑을 꿈꾸지 않았을까 생각해요. 남들과 비슷하게 그 나이 또래에서 할 수 있는 그런 사랑을 하고 싶었을 것 같은데 이 친구들은 그러지 못했으니까요. 그래서 평범한 일상 속 평범한 사람이지만 지금 내 옆에 있는 이가 최고의 사랑이라는 얘기도 작품을 통해 하고 싶었습니다.

현장에서 배우들과의 작업은 어땠나요?

출연한 배우분들이 다 저랑 이번에 처음 작업하는 분들이에요. 나이차이가 많이 나다 보니 처음에는 제가 좀 어려지려고 노력했거든요. '젠지'처럼 말하려고 노력하고 요즘 친구들이 어떤 식으로 소통하는지, 어떤 단어들을 쓰는지 연구했는데 실제로 만나보니 그런 생각이 부질없더라고요. 저희 배우들이 다른 세대와 소통하는 것에 거리낌이 없기도 했고 또 굉장히 다정해요. 이야기도 솔직하게 잘하는 편이라 서로 장난도 많이 쳤고, 캐릭터에 대한 토론도 자주 하고, 이 장면에서 이렇게 하면 어떨까 하는 아이디어도 제안하면서 하나씩 장면을 만들어갔습니다. 여름이라 날씨가 너무 더웠던 것 외에는 분위기가 좋은 현장이었습니다.

현장에서 기억에 남는 아이디어나 즉흥 연기가 있었다면?

추영우 배우는 즉흥 연기를 자주 하는 편이었는데요. 물론 본인이 준비도 열심히 해오고 촬영 들어가기 전에 저와 미리 리딩을 한 적도 있지만, 철저히 준비해 왔음에도 생생하게 느껴지는 연기를 굉장히 잘했습니다. 그러다 보니 실제 대본에는 없었는데 추영우 배우가 했던 애드리브 대사들이 영화에 들어간 경우가 종종 있어요.

예를 들면 자판기 앞에서 태훈이와 나누는 대사에서, 태훈이가 말도 안 되는 자기 논리를 막 펼칠 때 추영우 배우가 "그게 무슨 소리야?"라고 묻거든요. 생각해 보니 그런 거죠. 그게 무슨 소리인가 싶더라고요. 저는 그 생각을 못 했습니다. 재원이는 이 상황에서 그냥 '얘 또 이러네, 왜 이래?' 할 것 같았거든요. 추영우 배우가 연기한 "그게 무슨 소리야?"라는 대사를 듣고 나서야 이거다 싶었습니다. 소소하지만 그런 애드리브 대사나 연기에서 제가 도움을 많이 받았습니다.

촬영하면서 느낀 각 배우의 매력 포인트는 무엇인가요?

먼저 추영우 배우는 감각이 굉장히 좋다는 생각이 들었습니다. 제가 쓸 수 있는 소스를 많이 던져주는 배우라서 오히려 '더 좋은 게 뭔가?'

를 찾게 해주더라고요. 또 생생한 연기를 하니 마치 옆에 정말 재원이라는 인물이 살아 숨 쉬는 것 같아서 좋았습니다. 추영우 배우는 실제로 유니크합니다. 하지 않을 것 같은 다정한 말도 자주 하고 현장에서 상대방을 무척 배려해 줍니다. 다정함이 기본적으로 장착되어 있어요. 저는 저에게 새우를 까주는 배우는 처음 만나봤거든요.

신시아 배우는 순수하고 맑은 이미지인데 실제로는 굉장히 털털하고 솔직합니다. 저에게 먼저 다가와서 '서윤이라면 이런 행동을 하지 않을까요?'라는 얘기도 자주 하고요. 또 애교가 많습니다. 제가 맨날 "너희 감독은 경상도 출신이다", "그런 애교를 받아들이기 쉽지 않다" 말했는데 어쨌든 신시아 배우는 기본적으로 애교가 많은 편이고, 이것도 결국 다정함의 일종인 것 같습니다.

서윤이라는 캐릭터를 연기하면서 감정적으로 힘든 순간이 많았을 텐데 잘 버텨내더라고요. 매일 기억이 사라져서 기록에 의존해야 하는, 혼란스러운 연기와 감정 연기를 동시에 해야 하는 역할이라 저였다면 너무 막막했을 것 같습니다. 본인이 착실하게 준비를 잘 해와서 감정적으로 버거운 순간에도 최선을 다해 연기를 해주셔서 감사한 마음이 큽니다.

진호은 배우는 처음에는 약간 불량스러운 이미지를 상상했는데, 이 배우가 가진 사랑스러움이 너무 좋아서 좀 더 강조해야겠다는 생각이 들었습니다. 결국 이 친구들과 같이 어울리게 되기 때문에 조금은 덜 나빠져도 되겠다, 이 배우가 가진 사랑스러움을 살려도 되겠다고 판단했습니다. 진호은 배우는 자기 촬영이 끝나도 집에 잘 가지 않습니다. 그래서 가라고 떠밀곤 했습니다. 그 정도로 현장을 너무 사랑하는 배우고, 이 작품에 대한 애정도 굉장히 높은 친구였습니다.

조유정 배우는 일단 너무 착합니다. 작품에 대한 간절함과 배우로서의 욕심이 충만한 친구라 개인적으로는 이 영화가 공개된 뒤 조유정 배우를 좀 기대해 봐도 좋지 않을까 생각합니다. 영화 초반에는 서윤이의 친구로서 서윤이를 지켜주는 역할이라면 중후반부로 가면서 중요한 열쇠를 쥔 역할이기 때문에 이 친구가 보여주는 감정 연기가 매우 깊습니다. 정말 온 힘을 다해 연기하지 않았나 싶어서 조유정 배우에게도 굉장히 고맙습니다.

조한철 선배님은 하늘이 도왔습니다. 그분이 저희 작품에 와주신 것은 하늘이 도운 것이 아닌가 싶습니다. 다른 배우들에게도 좋은 영향을 주면서 본인이 맡은 캐릭터도 편안하고 울림 있게 전달해 주셔서 제가 처음에 생각한 상현의 이미지보다 더 완성된 느낌의 캐릭터를 보여주신 것 같습니다. 제가 힘이 있다면 업고 다니고 싶을 만큼 감사한 분이십니다.

조한철 배우님 캐스팅은 어떻게 하게 되셨나요?

조한철 선배님 회사인 눈컴퍼니에 읍소를 했습니다. 원작에서는 아빠의 역할이 좀 큰데 저희 영화에서는 비중을 축소했거든요. 사실 서운할 수 있잖아요. 짧게 등장하더라도 다정한 아빠의 모습이 드러나길 바랐고, 혼자 남겨졌을 때의 쓸쓸함을 연기로 담아내길 원했는데 조한철 선배님께서 그 이상을 보여주시지 않았나 싶습니다.

주요 촬영지나 장면 중에서 개인적으로 가장 기억에 남는 순간은 언제일까요?

사실 제가 장소에 집착하는 편이라서 모든 곳이 다 기억에 남긴 합니다. 그럼에도 굳이 하나를 꼽으라면 바닷가 장면일 거예요. 우선 재원이와 서윤이의 추억이 서린 장소이기도 하고요. 바닷가에서 촬영할 때 배우들은 교복이 물에 다 젖어서 굉장히 불편한데도 뮤직비디오처럼 아름다운 미소를 지으며 물장구를 쳐야 했던 고충이 있기도 했습니다. 그 장소를 섭외하기 위해서 정말 많은 바다를 돌아다니며 장소 헌팅을 했기 때문에 가장 기억에 남습니다.

저희가 '기억'과 '추억' 같은 키워드를 표현하고 싶어서 스테인드글라스 소품을 활용했습니다. 영화 후반부에 이들이 쌓아온 추억을 스테인드글라스 공예로 표현하는 장면들이 있는데요. 바닷가에 두 주인공이 벗어놓은 듯한 운동화, 영화에 등장하지 않은 순간에 봤을 것만 같은 야생화, 바닷속 조개와 물고기, 파란 하늘과 예쁘게 떠 있는 구름⋯. 이런 이미지들을 상상하며 스테인드글라스 유리 공예로 활용해 봤습니다.

유리 공예를 위해 연출팀, 제작팀, 미술팀, 소품팀이 심마니처럼 야생화를 찾아다니고 꽃집을 뒤졌습니다. 그렇게 많은 스태프들의 도움을 받았던 기억이 납니다. 지금은 회복했지만, 제가 그 장면을 찍는 날 다리를 다쳐서 더 기억에 남기도 하고요.

배우들과의 에피소드를 하나 얘기해 주신다면?

현장에서 오래 같이 있다 보니 어떤 큰 사건이 기억에 남는다기보다는 정말 별것 아닌 소소한 일들이 문득문득 떠오릅니다. 저희가 여름에 촬영을 하다 보니 장마 기간이나 비 예보에 예민하게 반응할 수밖에 없었거든요. 저랑 배우들 단톡방이 있는데, 하루는 새벽에 천둥번개가 쳐서 신시아 배우가 갑자기 "지금 혹시 밖에 번개가 쳤나요?" 물었어요. 거기에 추영우 배우가 "아니야. 창문 밖에서 누가 사진 찍은 거야" 답하면서 우리끼리 재미있게 놀았습니다. 수족관 촬영할 때 이가 하얗게 보인다거나 하는 웃긴 장면이 나오면 서로 자기가 하겠다고 나서고, 아주 즐겁고 유쾌하게 촬영했는데 지나고 나니 그런 순간순간이 떠오릅니다.

〈오늘 밤, 세계에서 이 사랑이 사라진다 해도〉에서는 청춘과 기억이라는 테마가 중요한데, 감독님 개인적으로 가장 소중한 '기억'은 무엇인가요?

지극히 개인적인 이야기인데요, 제가 예전에 좋아하던 사람이 있었습니다. 그분이 지방에 잠깐 가셨는데 제가 그새를 못 참고 보러 가겠다며 KTX를 탔어요. 그분이 있는 곳으로 가면서 지금 대전이다, 대구다, 부산이다 하면서 제가 어디쯤 가고 있는지 실시간 문자를 보냈습니다. 우리의 거리가 서로 가까워지고 있다는 사실이 굉장히 기분 좋았던 것 같습니다.

마침내 해운대 바닷가에서 마주쳤을 때 둘 다 서로를 향해 달렸어요. 반가워서, 좋아서. 그 기억이 아주 많이 납니다. 그때는 제 인생도 멜로 영화였습니다.

이 영화가 멜로이기 때문에 따뜻한 색감을 썼을 것이라고 짐작하실 수 있는데, 저는 우선 '여름의 청춘'을 담고 싶었습니다. 최대한 자연의 색을 보여드리고 싶기도 했고, 어려움이 큰 등장인물들을 위로하는 의미에서 따뜻한 색감을 쓰고 싶었습니다.

나중에 등장인물들이 겪는 슬픔이 커졌을 때는 분위기를 무겁게 가져가기 위해서 알게 모르게 어두운 톤을 조금씩 추가했습니다. 캐릭터를 위로하기 위한 목적도 있었지만 결국에는 감정 전달이 잘 되는지, 관객분들께서 이 이야기에 몰입할 수 있을지가 제일 중요했습니다. 편집, 음악, 색감 등 모든 부분에서 결국에는 감정 전달에 가장 집중하려고 노력했던 것 같습니다.

음악, 편집, DI 등 후반 작업을 하실 때 어디에 중점을 두셨나요?

이 작품은 이야기로서도, 각각의 캐릭터로서도 존재하기 때문에 관객분들께서 영화를 보면서 등장인물들을 사랑스럽고 귀엽게 바라봐 주시고 때로는 안타깝고 짠하게 느끼며, 결국에는 이들을 따라가면서 응원할 수 있다면 좋겠다고 생각했습니다.

궁극적으로는 자기 자신을 투영해서 '나도 이런 아름다운 사랑을 해봤으면 좋겠다', '나도 이렇게 아름다운 사랑을 했었지' 같은 좋은 여운을 가져갔으면 합니다. 저희 캐릭터들을 응원해 주셨으면 좋겠고, 보시는 관객분들의 사랑도 응원하고 싶은 마음입니다.

크리스마스 시즌 개봉을 앞두고, 관객들이 어떤 감정을 느끼길 바라시나요?

우선은 누군가를 좋아하고 또 사랑하는 감정을 느낀다는 것 자체만으로도 굉장히 귀한 일이라고 생각합니다. 크리스마스에 사랑을 한다면 그것보다 더한 행복이 어디 있을까요? 때마침 <오세이사>가 크리스마스에 개봉을 하더라고요. 무척 행복한 일이 가득할 것 같은 날이잖아요.

이 영화를 보신 분들께서 첫사랑에 대한 아련한 향수를 느끼고, 내 옆에 있는 사랑하는 사람을 소중하게 바라볼 수 있는 마음을 되새겨서 크리스마스를 행복하게 보내시면 좋겠습니다.

감독님이 좋아하시는 대사 중 기억나는 것 하나만 말씀해 주세요.

사실 제가 쓰긴 했는데, "그때는 힘들기만 했는데 이제는 보고 싶기만 해"라는 대사를 아주 좋아합니다. 꽤 오래전 아버지가 돌아가신 후에 제가 느꼈던 감정이 재원이가 엄마를 잃은 후 느낀 감정과 비슷하지 않을까 하는 생각으로 써본 거라 기억에 많이 남습니다.

아, "내일의 너도 즐겁게 해줄게"라는 대사도 좋아합니다. 나에게, 너에게, 모두에게 다짐하는 내용이라 좋았고, 무엇보다 웃게 해주겠다는 말이라 더 좋았습니다.

각본집을 준비하고 있는데 출간 소감을 간단하게 말씀해 주신다면요?

조금 쑥스럽기도 하지만, 이번 각본집은 단순히 '그때 그 영화를 봤었지' 하는 기억을 넘어, 활자로 된 작품으로 여러분 곁에 남는다는 점에서 특별하게 다가옵니다. 관객분들께서 저희 영화를 잊지 않고 기억해 주신다는 기분, 여전히 함께하고 있다는 마음이 전해져 뭉클하기도 하고요. 우리 이야기를 더 깊이 간직하고 싶은 분들이 각본집을 찾아주실 거라 생각하니 감회가 새롭습니다.

무더운 여름, 아름다운 풍경 속에서 배우와 스태프분들께서 땀 흘려 만든 아름다운 이야기인 만큼 많은 관심과 사랑 부탁드립니다! 감사합니다.

영화 소개 부탁합니다.

신시아 저희 영화 〈오세이사〉는 하루가 지나면 기억이 사라지는 한
소녀와 그 소녀를 사랑하게 된 소년의 이야기입니다.

추영우 재원이는 무미건조한 일상을 보내다가 서윤이의 등장으로 새
로운 일들이 펼쳐지고, 그 속에서 서윤이에게 중요한 사람이
되고 싶고 서윤이를 행복하게 만들어주고 싶다는 생각을 하면
서 청춘으로서도 성장해 나가고 사람으로서도 성장해 나가는
그런 인물입니다.

처음 시나리오를 읽었을 때 어떤 느낌을 받으셨는지 궁금합니다.

추영우 일단 원작 소설을 너무 재밌게 읽었고, 동명의 일본 영화도 인
상 깊게 봤습니다. 그래서 내용을 알고 있음에도 불구하고 기
대가 많이 됐어요. 저희 영화만이 가진 차별점이 분명히 있고
그리고 신시아 배우와 같이 한다는 이야기를 듣고 잘 어울릴

것 같아서 기대가 컸습니다.

신시아 저도 추영우 배우와 마찬가지로 원작 소설을 정말 재밌게 봤습니다. 한국 버전으로 각색된 시나리오도 흥미로웠고 누구나 공감할 수 있는 사랑과 기억에 관한 이야기라는 점이 굉장히 마음에 들었어요. 또 상대가 추영우 배우라는 걸 알고 '아, 너무 해보고 싶다'고 생각해 출연을 결정하게 됐습니다.

가장 좋아하는 대사가 있다면?

신시아 저희 영화가 대사가 많은 편은 아니라서 모든 대사를 다 좋아하긴 하는데요, 서윤이 대사 중에 "잊어버리기 싫어"라는 게 있어요. 어떻게 보면 서윤이가 처음으로 자신의 속마음을 입 밖으로 낸 대사라고 생각해요. 이 부분에서 서윤이도 재원이도 보시는 관객분들도 긍정적인 힘을 느끼실 수 있을 것 같아서 이 대사를 좋아합니다.

추영우 저는 예고편에도 나왔는데 "나랑 사귈래?" 이 대사가 어쨌든 모든 일의 시작이라 좋아합니다. 저의 고등학생 시절을 되짚어보면서 고등학생이 할 수 있는 고백은 어떤 느낌일까를 많이 생각하며 한 대사인데 굉장히 웃기고 귀엽더라고요. 이런 대사들이 영화 중간중간에 많이 나오니까 이것 또한 관전 포인트가 아닐까 합니다.

일본 원작 〈오늘 밤, 세계에서 이 사랑이 사라진다 해도〉를 한국에서 영화화한 작품인 만큼, 촬영에 앞서 원작에 대한 관람이나 분석을 했을 것 같습니다. 원작에서 인상 깊었던 부분이 있다면?

추영우 원작 소설과 저희 영화가 어쨌든 전체적인 플롯은 같으니까요. 갑자기 사귀자고 했는데 좋다고 답하는 이 여자애는 도대체 뭘까? 인기가 많은 여자아이고, 원작 소설에서도 재원이의 외모에 대한 언급은 크게 없었던 것 같은데 이 여자애는 재원이의 뭘 보고 다른 애들의 고백은 거절하면서 이 아이의 고백은 받아준 거지? 이런 부분이 좀 충격적이고 궁금했어서 기억에 남습니다.

신시아 소설에서 제일 인상 깊게 봤던 구절이 '너무 좋아서 눈물이 날 것 같았다', '그 애한테 달려가고 싶었다'라는 부분이었는데요. 어떻게 보면 원작이든 저희 영화든 관통하는 감정이라고 느꼈어요. 정말 누군가 너무 좋아서, 설레서 눈물이 날 것 같은 느낌. 그래서 그 부분이 저도 공감이 됐고, 아주 좋았습니다.

원작보다 우리 작품이 더 좋았다, 공감이 되었다 하는 부분이 있다면?

신시아 사실 뭐가 더 낫다고 비교하기는 어려운 것 같아요. 각각의 특색과 매력이 분명히 있고요. 그런데 어쨌든 〈오세이사〉는 '이 순간'에 대한 이야기인 것 같아요. 이 순간이 얼마나 소중한지, 우리가 당연하다고 느끼는 이런 기억들, 순간들이 서윤이한테는 당연하지 않은 것이고, 또 재원이한테도 사실 시간이 얼마

244

없잖아요. 그래서 조금 더 현재를 충실하게, 마음을 다해서 살아가자는 메시지가 원작과 저희 영화의 공통적인 방향성이 아닌가 싶습니다.

추영우　맞아요. 차이점보다는 그런 공통적인 방향성이 훨씬 중요한 부분인 것 같습니다. 서윤이가 순간순간을 소중하게 대하듯, 제가 연기하면서 느꼈던 건 어쨌든 그 순간순간에 옆에 항상 사랑하는 사람이 있잖아요. 그것이 너무 중요하고 그 사람들에게 더 잘해야겠다는 교훈도 얻었고요. 영화를 보면 아시겠지만 슬픈 내용이 있는데요, 그 모든 과정을 거치면서 뭔가 더 깨닫게 된 것 같아요. 있을 때 잘하자라는 말도 다시 한번 생각하게 되었습니다.

원작에서 영감을 받았거나 차별점을 두었던 점이 있을까요?

신시아　텍스트만 놓고 보면 제가 받은 대본은 원작 소설에 비해 분량이 적잖아요. 세밀한 감정선들이 원작에는 훨씬 더 잘 묘사가 되어 있고, 어떻게 보면 그걸 축약한 게 저희 시나리오다 보니 연기를 하면서 원작의 그 세밀한 감정선들이나 사건을 좀 더 상상하고 느껴보려고 했던 것 같습니다.

김혜영 감독님과 첫 호흡을 맞추셨는데 작업은 어떠셨나요?

추영우　감독님은 섬세하시고 저희에 대한 애정이 엄청 크셨어요. 촬영 들어가기 전에도, 들어가서도, 끝난 지금도 엄청 크세요. 그

애정이 현장에서의 디렉팅이나 디렉션에 다 묻어나오고, 결과
에도 묻어나오는 것 같아서 정말 감사했어요. 감독님이 그렇
게 힘을 많이 주시니까 무더운 현장에서도 기운이 났던 것 같
습니다.

신시아　추영우 배우 말에 너무 공감해요. 감독님께서 저희 영화를 너
무 사랑하시고 저희를 많이 사랑해 주셔서 정말 사랑이 가득
한 현장에서 촬영을 했어요. 감독님은 저희에게 어떤 걸 강요
하거나 정해놓은 답을 제시하시는 게 아니라 많이 열어둔 상
태에서 저희들이 그 안에서 펼쳐 보일 수 있게 도와주셨어요.
확실한 선들을 잡아주시면서 자유롭게 해주셔서 저희가 캐릭
터의 선을 넘지 않으면서 편하게 연기하고 끝까지 잘 완주할
수 있게 같이 뛰어주셨죠. 그런 점이 너무 좋았습니다.

촬영하면서 기억나는 에피소드를 하나씩 얘기해 주신다면?

신시아　대본에서는 어떤 배경만 주어지고, 저희가 그 그림을 채워 넣
어야 하는 대화가 많았어요. 아마 영화를 보면 아실 텐데, 저희
가 정말 서윤이가 돼서, 재원이가 돼서 캐주얼하게 대화를 많
이 하고 그걸 감독님이 잘 살려주셨어요. 저희 둘 다 재밌게 하
고 싶다는 욕심이 좀 많았어요.

추영우　맞아요. 배우들이 재밌게 하려고 하면 감독님은 그걸 좀 진정
시키려 하셨죠.

두 분은 처음 작품에서 만나셨는데 현장에서 연기 호흡은 어떠셨나요?

추영우 너무 좋았습니다. 신시아 배우가 자신도 덥고 힘들고 피곤할 텐데도 굉장히 적극적으로 으쌰으쌰를 많이 해줬어요. 피로회복제, 비타민, 젤리, 초콜릿 같은 게 은근히 큰 힘이 되는데 그런 것도 진짜 잘 챙겨주셨고요. 정말 따뜻한 분입니다.

신시아 저는 일단 진짜 든든했어요. 왜냐하면 너무 연기를 잘하기도 하고, 제가 어떤 걸 던져도 그걸 받아서 120퍼센트로, 더 한 걸 보여주니까 제가 자신이 없어도 재원이를 믿고 갔던 순간들이 정말 많았어요. 그러다 보니 현장에 가는 게 재밌더라고요. 제가 상상한 것 이상을 자꾸 보여주니까. 그래서 정말 재밌게 촬영했고, 자극도 많이 받았고, 흔들릴 수 있는 순간에 추영우 배우에게 많이 힘을 받아서 촬영했던 것 같습니다.

신시아 배우님은 멜로 영화는 첫 주연인데, 소감이 어떠신지요?

신시아 이렇게 또래들과 풋풋한 멜로를 하려고 하니까 처음에는 긴장도 되고 어색하더라고요. 하지만 추영우 배우라는 멜로 장인을 만나서, 같이 하다 보니 저도 이제 멜로를 즐기게 되었다고 해야 할까요? 이 장르의 맛이 있더라고요. 예쁘게 사랑스럽게 잘 만들어가는 그 재미에 저도 푹 빠져서 이제 멜로의 매력을 알게 된 것 같습니다.

추영우 좋은 부담도 있었고, 기대도 됐습니다. 영화관에 앉아 자신이 나오는 영화를 보는 것이 배우들의 로망이라 그 로망을 실현하는 첫 발인 만큼 진짜 최선을 다했어요. 그래도 아쉬운 부분들이 있지만 정말 재밌게 잘 나왔다고 생각합니다. 저보다도 옆에 계신 분들이 다 도와주시고 잘해주셨어요. 저는 지금 영화를 본 상황인데 신시아 배우가 정말 예쁘게 나오더라고요. 너무 설레고 엄청 귀엽게 나와요. 서윤이의 매력을 한껏 담은 것 같아서 사실 제가 홍보나 영업을 한다면 저보다 신시아 배우를 앞세우고 싶은 마음이 큽니다.

고등학교 친구들로 등장한 진호은, 조유정 배우와의 호흡은 어땠나요?

추영우 진짜 최고였어요. 진호은 배우는 사람 자체가 캐릭터가 특이하고 너무 매력 있고 보면 볼수록 귀엽고 멋있고 잘생겼어요. 조유정 배우도 정말 착해요. 주변 사람을 엄청 잘 챙겨주더라고요. 그런 사람들을 만나기 힘든데 어떻게 다 좋은 사람들만 모여서 그런 부분이 잘 섞여 작품에 녹아든 것 같아요. 넷이 있는 장면은 엄마 미소 지으면서 보실 수 있을 거예요.

신시아 맞아요. 케미스트리가 정말 좋았어요. 아무래도 저희 넷 다 또래이다 보니까 교복 입고 학교 신 찍을 때 몰입이 잘 됐고, 학생들의 풋풋한 분위기도 잘 담아낼 수 있었던 것 같아요. 재원이, 서윤이와는 반대되는 캐릭터성들이 있어서 조금 더 다채로운 매력도 있고요.

연기하면서 가장 즐거웠던 순간이나 기억에 남는 순간이 있다면?

추영우 저는 다코야키 먹었을 때요. 저희끼리 축제 같은 데 놀러 가는 장면이 있는데 거기서 다코야키를 먹거든요. 그게 진짜로 너무 맛있었어요. 한참을 먹었습니다. 또 즐거웠던 순간이 저희 넷이 공방에 모여서 유리 공예를 하거든요. 처음 해보는 거라 설레기도 했고, 그 상황에서 주고받은 티키타카가 굉장히 재밌었던 기억이 납니다.

신시아 저는 데이트 신들을 굉장히 재밌게 찍었던 것 같아요. 데이트 신은 대본에 거의 대사가 없었어요. 그냥 '노래방에서 즐기는 재원과 서윤' 혹은 '스티커 사진을 찍는 재원과 서윤', '게임방에서 게임하는 재원과 서윤', 이렇게만 되어 있었거든요. 그래서 진짜 데이트하는 마음으로 정말 자연스럽게 티키타카 하면서 찍었던 것 같아요.

감독님은 바닷가에서 재원이랑 서윤이가 노는 장면을 얘기하셨거든요. 보기에는 너무 예쁜데 현장에서 굉장히 힘드셨을 거라고 하시던데 어떠셨는지 말씀해주신다면?

추영우 그 장소에 큰 해파리가 죽어 있어서 그걸 피해 다니느라 웃었던 기억이 나요. 그 장소가 참 예뻤고요. 그래서 그런지 힘든 것보다는 재밌고 예뻤던 기억이 더 커요.

신시아　누가 가도 사랑에 빠질 법한 정말 로맨틱한 장소였어요. 그런데 해가 빨리 져서 촬영 시간이 좀 부족했어요. 여유롭게 만끽하면서 찍지 못해서 아마 감독님이 저희가 힘들었을 거라고 말씀하신 것 같아요.

추영우　좀 뜬금없긴 한데요. 저는 어렸을 때 아빠랑 맨날 TV로 영화를 봤던 기억이 나요. OCN 같은 채널에서 영화 나오잖아요. 돈가스를 시켜서 아빠랑 둘이 먹으면서 영화를 봤거든요. 그 당시엔 돈가스가 지금처럼 일회용 용기가 아니라 접시에 왔거든요. 옥수수랑 샐러드랑. 갑자기 그 장면이 생각나네요.

신시아　그런 순간들이 정말 소중한 것 같아요. 부모님과 그런 시간을 보낼 수 있는 경우가 클수록 점점 없어지니까요. 저도 생각해 보면 순간순간들이 다 너무 소중한데 저희가 지금 이 영화를 홍보하고 있잖아요. 그런 관점에서 생각해 보면 이 순간이 앞으로도 기억하고 싶을 것 같아요. 현재 내가 진짜 사랑하는 사람들, 사랑하는 동료 배우, 사랑하는 스태프들, 함께 노력해 준 사람들과 이렇게 영화를 홍보하고 준비하고 이런 일을 할 수 있다는 것 자체가 정말 소중하고 다시는 또 오지 않을 순간이라고 생각해요. 그래서 지금 이 순간 자체가 오래오래 기억됐으면 좋겠습니다.

오랜만에 교복을 입고 촬영한 소감은 어떠신가요?

추영우 저는 얼마 전에 입긴 했는데요, 그럼에도 하복이 주는 설렘이
또 있거든요. 동복과는 다른 하복의 설렘이 있어서 딱 그 향기
가 영화에 고스란히 담기지 않았나 싶어요. 청량한 여름의 냄
새가 납니다. 사실 색깔도 감독님과 같이 저희가 열심히 골랐
어요. 그래서 그런지 입었을 때 설렜습니다.

신시아 감독님이 디자인을 직접 하신 걸로 알고 있어요. 교복을 고르
시다가 원하는 그림이 분명히 있으셔서 디자인에 같이 참여해
제작하셨다고 들었거든요. 저는 교복을 정말 오랜만에 입었어
요. 그래서 좀 설레기도 하고 어색하기도 했는데 학교에 가고
동료 배우들과 함께 교복을 입고 촬영하다 보니까 자연스럽게
집중할 수 있었던 것 같아요. 확실히 의상이 주는 힘이 크다는
걸 이번에 또 한 번 배웠습니다.

**최근에 ADR(후시녹음)을 진행하면서 영화를 다시 보셨을 텐데, 인상 깊었던 장
면이나 생각나는 장면이 있으시다면?**

추영우 불꽃놀이 장면이 인상 깊었어요. 배 위에서 촬영하는 게 재밌
기도 하고 설레기도 했고요. 새벽 시간이라 살짝 피곤하고 졸
려서 몽롱했는데 그게 오히려 꿈 같아서 그때 기억이 굉장히
좋았습니다.

신시아 재원이랑 버스에서 처음 만나는 장면이 있어요. 넘어질 뻔한
저를 재원이가 잡아주는 장면인데 사실 세트 안에서 찍었거든

요. 완성된 영화로 보니 운행하는 버스 안에서 찍은 것처럼 빛이나 배경이 너무 청량하고, 두 사람이 조우하는 그 순간이 황당하면서도 웃기고 예쁘더라고요. 굉장히 신선한 느낌이라 그 장면이 좋았어요.

연기하실 때 흐름이라든가 중요하게 생각하신 부분들이 있으신가요? 어떤 부분이었는지 말씀 부탁드립니다.

추영우 감정적으로는 저보다 오히려 다른 배우님들이 힘든 지점이 더 많았던 것 같습니다. 저는 너무 어른스러워지지 않으려고 노력을 많이 했어요. 고등학생다운 건 뭘까? 그런데 또 사실 열여덟, 열아홉이면 거의 어른이잖아요. 그 나이대에 우리가 느끼기엔. 그래서 그 합의점을 찾기가 어렵더라고요.

신시아 서윤이는 하루하루 기억이 리셋되잖아요. 재원이라는 인물이 서윤이의 위기 속에 들어오면서 서윤이가 점차 변화하는 지점들이 있는데 그런 부분들을 조금 더 세밀하게 긍정적으로 잘 표현해서 서윤이의 변화를 잘 나타내고 싶었어요. 단순히 기억을 잊어버린 아이라기보다는 그 안에 사실 서윤이가 느낀 감정들이 많이 쌓여 있을 거란 말이죠. 불안함, 기대, 설렘, 사랑 같은 것들을 조금 더 잘 표현해 보고 싶었던 것 같아요.

이 영화를 한 단어로 설명한다면 무엇일까요?

신시아 저는 '잔향'이라고 표현하고 싶습니다. 사라지는 기억도 있고 남는 기억도 있겠지만 그 잔향은 우리 안에 존재한다고 생각해요. 저희 영화도 그런 이야기이고요. 기억을 잃어도 사실 몸 속에 남아 있는, 내 머릿속에 남아 있는 잔향들을 찾아가는 이야기라고 생각해서 꼽아보았습니다. 어떻게 보면 저희 영화의 키워드이지 않을까.

추영우 신시아 배우님이 말씀하신 게 정말 맞는 것 같아요. 예전에 쓰던 향수를 꺼내서 뿌리면 생각이 엄청 많아지잖아요. 몸에 새겨진 기억들이 올라오는 느낌이라고 해야 하나. 그런 느낌을 저희 영화를 보고 받았던 것 같아요. 제가 한 단어를 꼽자면 저는 여름이긴 해요. 그 여름. 여름이었다.

이 영화를 누가 봤으면 좋겠는지, 누구에게 추천해 주고 싶은지 말씀 부탁드립니다.

추영우 인생이 너무 벅차서 과거를 돌아볼 수 없고, 계속 달리기만 해서 번아웃이 온 그런 분들이 보면 두 시간 동안은 잠깐 힐링할 수 있지 않을까요? 요즘 너무 다들 피곤하시잖아요. 힐링이 필요하신 분들이 보시면 좋을 것 같습니다.

신시아 어떻게 보면 모든 분일 수도 있는데요, 사랑을 시작하고 계신 분들 혹은 사랑이 끝나신 분들, 사랑을 하고 계신 분들이 오셔서 보시면 다시 한번 사랑에 대해 생각해 보실 수 있지 않을까 합니다. 이별을 하셨어도 저희 영화를 보시면 굉장히 힐링하실 수 있거든요. 사랑을 시작한 분들이라면 사실 더 좋고요. 그러니까 많은 분들이 보시고 사랑에 대해서 생각해 보셨으면 좋겠습니다.

각본집 출간 소감을 간단하게 말씀해 주신다면요?

추영우 각본집 출간을 축하드립니다. 대본과 영화가 조금 차이가 있는데 그런 점들을 비교하며 읽으시기에 너무 좋은 기회라고 생각합니다. 좋은 추억으로, 선물로 각본집 소중하게 간직하셨으면 좋겠습니다. 감사합니다.

신시아 각본집 출간에 함께하게 되어서 너무 영광이고요. 영상에서 느끼셨던 감동, 텍스트로 얻을 수 있는 새로운 감동 많이 느끼셨으면 좋겠습니다. 많이 많이 관심 가져주세요. 감사합니다. 사랑합니다.

오늘밤.
세계에서
이 사랑이
사라진다 해도

많이 사랑해주세요!
크리스마스 이브에
극장에서 만나요!

"성시아
♡
크리스마스 이브에
극장에서 만나요♥!!

오늘 밤,
세계에서
이 사랑이
사라진다 해도

각본집

초판 1쇄 발행 2025년 12월 29일
초판 4쇄 발행 2026년   1월 17일

감독·각색 김혜영
각본   이유진

책임편집 안희주
디자인   어나더페이퍼
책임마케팅 최혜령, 박지수, 도우리, 양지환
마케팅   콘텐츠 IP 사업본부
해외사업 한승빈, 박고은
경영지원 백선희, 권영환, 이기경, 최민선
제작   제이오

펴낸이   서현동
펴낸곳   ㈜오팬하우스
출판등록 2024년 5월 16일 제2024-000141호
주소   서울시 강남구 테헤란로 419, 11층(삼성동, 강남파이낸스플라자)
이메일   info@ofh.co.kr

ⓒ 2025 ㈜바이포엠스튜디오&블루파이어스튜디오㈜
원작《오늘 밤, 세계에서 이 사랑이 사라진다 해도》이치조 미사키 | ㈜KADOKAWA

ISBN 979-11-7577-088-1 03680

스튜디오오드리는 ㈜오팬하우스의 출판브랜드입니다.